VERONICA WÄGNER

FEST IM SATTEL

Das Pony Friolina

Deutsch von Sarah Bosse

SCHNEIDER BUCH

Die Deutsche Bibliothek – CIP-Einheitsaufnahme

Wägner, Veronica:
Fest im Sattel / Veronica Wägner. [Übers. aus dem Schwed.: Sarah Bosse]. – München : F. Schneider.

Bd. 1. Das Pony Friolina. – 1996
ISBN 3-505-10126-5

Hrsg. Helga Wegener-Olbricht

Dieses Buch wurde auf chlorfreies, umweltfreundlich hergestelltes Papier gedruckt.

Originaltitel: Carin & Friolina
Übersetzung aus dem Schwedischen: Sarah Bosse
Titelbild und Illustration: Gertraud Funke
Umschlaggestaltung: Claudia Wolfrath
Herstellung/Satz: FIBO Lichtsatz GmbH, München
10' Garamond
Druck: Presse-Druck, Augsburg
Bindung: Conzella Urban Meister, München-Dornach
ISBN 3-505-10126-5

Die Serie wird fortgesetzt!

Jeden Tag fuhr Carin auf dem Weg zur Schule mit dem Fahrrad am Traberstall vorbei. Bis zur Schule waren es nur zwei Kilometer, deshalb hatte sie keinen Anspruch auf Schülerbeförderung. Doch das machte ihr nichts aus. Carin mochte ihren Schulweg.

Wenn der Schnee sie daran hinderte, mit dem Rad zu fahren, ging sie zu Fuß an dem langgestreckten roten Haus vorbei. Meistens hatten die Pferde bereits ihr Futter bekommen. Warme, feuchte Luft strömte durch die offenen Stalltüren heraus. Einige Pferde standen auf der Koppel und kauten ihr Morgenheu.

Wenn Carin früh dran war, kam es vor, daß sie stehenblieb und den Pferden eine Weile zusah. Sie sah ihnen zu, während sie das grüne Heu zwischen ihren starken Kiefern zermahlten. Es klang so gut, wenn Pferde ihr Futter fraßen. Fast so, wie wenn Papa Knäckebrot aß.

In dem ehemaligen Hühnerhaus neben dem Stall wohnte die Familie, der die Traber gehörten. Katja aus Carins Klasse hatte gesagt, daß sie es dort drinnen richtig schön hatten. Ganz modern mit Ofen und Fernseher in der Kammer. Das eine Fenster, das zum Hof wies, leuchtete in der Dämmerung geheimnisvoll wie ein Auge. Doch Carin hatte nie gewagt hineinzusehen. Sie hatte nur einen schnellen Blick durch die verschlungenen Blätter des Efeus geworfen.

Gewiß war es komisch, in einem Hühnerstall zu wohnen. Aber auch ein bißchen spannend, fand Carin. Sie hatte eine Menge Klatsch und Tratsch über die Familie gehört. Doch nie hatte sie sie etwas von dem tun sehen, dessen sie beschuldigt wurde.

Nein, Carin hatte nichts gegen sie. Deren Art zu leben war vielleicht eine andere, aber etwas Böses hatte sie nicht getan.

Wie auch immer, wegen der Pferde war sie ein bißchen neidisch auf die Familie. Daheim im Stall hatte Papa ein kräftiges, grobes, nordschwedisches Kaltblut, das hieß Tore. Tore war sehr lieb und gutmütig, doch als Reitpferd kam er schnell an seine Grenzen. Carin seufzte. Sie betrachtete die edlen Körper der Traber und ihre schlanken, geschmeidigen Beine. Es wäre toll, eines Tages ein richtiges Pferd reiten zu dürfen. Doch auf ihre eindringlichen Bitten um ein Pony antwortete Papa immer das gleiche. Es war zu teuer. Tore arbeitete, er war fast jeden Tag im Wald nützlich, aber Carins Pferd würde nur ein „Freizeitpferd" sein. Mit so einem Pferd konnte Papa nicht einverstanden sein.

Sie war spät dran. Das letzte Stück hinab zur Schule radelte sie schnell und immer schneller. Ihr langes, blondes Haar stand ihr wie ein Besen vom Hinterkopf ab.

Ihre beste Freundin Nina stand bereits an der Tür und wartete. Sie tauschten untereinander Briefe, wie sie es jeden Montag taten. Dann sprangen sie wie zwei Kälber hinein in den Klassenraum.

Nina hatte es in vielerlei Hinsicht besser als sie. Zumindest fand Carin das. Sie hatte Eltern, die zusammenwohnten, zwei sehr nette Schwestern und ein eigenes Pferd, das eine Menge Geld gekostet hatte. Beinahe jedes Wochenende fuhr Nina mit ihrer Familie zu Turnieren. Zwei der Mädchen nahmen daran teil, und es schien immer etwas los zu sein.

Carin begleitete sie oft. Sie war Ninas Helferin und Pferdepflegerin geworden. Sie hatten sie nie darum gebeten, es hatte sich einfach so ergeben.

Carin gefiel es recht gut, im Hintergrund zu sein. Doch es war selbstverständlich, daß sie manchmal davon träumte, daß sie es war, die da in die Bahn gerufen wurde. Doch dann kam sie gewöhnlich rasch wieder zu sich, denn Papa würde niemals so ein Pferd kaufen. Und außerdem verabscheute er Turniere.

In der Pause sprangen sie Seilchen. Man spürte es an der Luft, daß Frühling war. Das Licht war jetzt so sonderbar stark, bevor der Schnee richtig fort war und die Bäume ausschlugen. Sie mußten im Licht blinzeln, und die gefütterten Stiefel kamen ihnen viel zu warm vor.

„Am Wochenende wollen wir nach Trosa", sagte Nina beim Springen. „Willst du mit?"

„Vielleicht", antwortete Carin. Das sagte sie immer. „Ich sag dir am Freitag Bescheid. Vielleicht muß ich zu Mama fahren, du weißt ja."

Mit Mama hatte sie immer ihre Sorgen. Gunilla schien ihrer Tochter Carin nicht verzeihen zu können, daß sie sich entschieden hatte, beim Vater zu leben.

Da saß Mama in ihrer Wohnung in der Stadt und kam Carin wie ein einziger Vorwurf vor. Nicht, daß sie direkt etwas gesagt hätte, nein, doch es hing trotzdem in der Luft zwischen ihnen. Natürlich war es schön, dorthin zu kommen und einmal etwas anderes zu machen. Doch schon nach wenigen Stunden sehnte sich Carin wieder heim. Es war für sie eine so unnatürliche Art zu wohnen. In einem

Betonkasten hoch über dem Boden zu hocken. Und Gunilla war auch nicht froh. Carin wünschte, sie hätte sie glücklich machen können. Doch statt dessen passierte es, daß Carin sie verletzte, weil sie schon bald wieder nach Hause wollte.

Im Frühjahr, wenn Carin so viel anderes vorhatte, wurden ihre Besuche seltener. Da fühlte sich Gunilla leicht verletzt. Es wurde Carin fast eine Last, zu ihr zu fahren. Ja, sie hatte schon ihren Kummer mit Mama.

Nun war es schon eine ganze Weile her, seit sie dagewesen war. Carin fühlte, daß sie am Wochenende hinfahren mußte.

Am nächsten Morgen war Carin spät weggekommen. Der Kies spritzte um das Fahrrad, als sie so fest in die Pedale trat, wie sie nur konnte. Am Reitstall wäre sie vor Erstaunen beinahe vom Rad gefallen. In der kleinsten Koppel standen drei lustige, zottelige, neue Ponys. Neugierig sahen sie sie über den Zaun hinweg an. Ach wenn sie es doch nur nicht so eilig gehabt hätte! Aber nein, sie mußte sich die Ponys auf dem Heimweg genauer ansehen.

In der Schule angekommen, erzählte sie Nina nichts von den zotteligen Ponys. Es war Dienstag, und Nina würde nach der Schule zum Reitunterricht gehen. Die Stunden krochen dahin, und in der Mittagspause kletterten sie auf einen Baum, damit sie vor den Jungen ihre Ruhe hatten.

„Wie eklig das Essen heute war", sagte Nina und wirbelte ihren goldblonden Zopf herum.

„Hm", antwortete Carin, obwohl sie fand, daß es ganz gut geschmeckt hatte.

Sie hatte für dieses Gerede, daß alles in der Schule so schlecht war, nicht viel übrig. Sie selbst mochte die

Schule. Doch darüber schwieg sie. Sie wagte ganz einfach nicht, dazu zu stehen, daß sie so dachte. Obwohl Linda aus der Vierten es ebenso empfand. Das hatte sie ihr einmal erzählt, als sie in der Schulbücherei nebeneinander gesessen und gelesen hatten. Nun zwinkerten sie sich zu, wenn sie sich im Eßsaal oder in der Pause trafen. Sie hatten ein gemeinsames Geheimnis.

Am Nachmittag spielten Carin und Linda Blockflöte. Sie spielten, weil es ihnen Spaß machte, und die Musiklehrerin strahlte.

„Gut! Noch einmal und etwas kräftiger", sagte sie, und die Sonne glänzte auf ihrem Haar.

Sie übten für das Osterspiel. Dann sollten alle Eltern kommen, um zu sehen, welche Fortschritte sie gemacht hatten. Carin hoffte, daß Papa kommen würde. Ihr kleiner Bruder Kim konnte auch mitkommen. Bei Mama wußte sie nie, woran sie war. Bestimmt dachte sie, daß es zu umständlich war, aufs Land hinauszukommen. Obwohl die Busse jede Stunde fuhren.

Endlich schellte es. Carin folgte Nina hinaus zum Schulbus. Die Sonne brannte, und so trugen sie ihre Jakken über dem Arm.

„Ich rufe dich heute abend an", sagte Nina und verschwand im schwarzen Schlund des Busses.

Als Carin fast am Reitstall angelangt war, hielt sie plötzlich inne. Was, wenn sie das alles nur geträumt hatte? Was sollte die unangenehme Familie vom Traberstall denn mit Ponys?

Zögernd radelte sie zwischen den Häusern dahin. Doch dort, an der sonnenwarmen Stallwand standen sie. Sie hoben Carin neugierig die Köpfe entgegen, als sie auf den Zaun zuging. Endlich konnte sie sie ein bißchen genauer betrachten.

Sie waren langbeinig und schienen noch nicht ausgewachsen zu sein. Carin sah, daß es junge Pferde sein mußten. Ihre Köpfe waren klein und schmal, doch das dichte Fell verlieh ihnen ein wildes Aussehen. Es war schwer zu erkennen, was für eine Farbe sie eigentlich unter dem langen Haar hatten. Carin vermutete, daß zwei braun waren und eins grau. Sie hatten die Hälse über den Zaun gereckt. Ihre munteren Augen leuchteten unter den kleinen, wohlgeformten Ohren.

„Hübsch, nicht?" sagte plötzlich eine Stimme hinter ihr.

Es war Leo, der Besitzer des Traberstalls, und hinter ihm schauten seine beiden Kinder hervor. Der Junge war fünf, das Mädchen ging in die erste Schulklasse. Sie sahen immer so verängstigt aus, fand Carin. Sie mochte Leo nicht. Sie nahm ihren Mut zusammen und fragte, von welcher Rasse die Ponys waren.

„Welsh-Ponys, sehr gute", sagte Leo in gebrochenem Schwedisch. „Ich kauf billig in Schonen, verkauf teuer zu Hause!"

Er grinste Carin breit an. Sie sah, daß ihm einige Zähne fehlten.

„Nur junge Pferde, zwei Jahre."

Leo schnauzte den Jungen mit einigen Wörtern in einer anderen Sprache an. Der Kleine fuhr hastig herum und verschwand.

„Sehr gute Eltern", fügte er hinzu und zeigte auf die Ponys.

Ganz klar, daß er sie gekauft hatte, um Geld zu verdienen, dachte Carin. Das hätte ihr klar sein müssen. Sie streichelte einem von ihnen über das Maul, das weich wie Samt war. Wenn sie genug Geld gehabt hätte, hätte sie alle drei gekauft.

„Auf denen kann man reiten", sagte das Mädchen, das

die ganze Zeit still gewesen war.

„Aber die sind doch erst zwei Jahre alt!“ rief Carin empört.

„Birgitta nicht so viel wiegen“, sagte Leo und lachte.

Carin wandte sich ab. Hatten sie so wenig Verstand? Daß sie nicht begriffen, daß Ponys erst spät ausgewachsen waren! Oder war es ihnen einfach egal? Mit ihren Trabern nahmen sie es doch so genau.

Bedrückt fuhr sie heim. Papa und Kim lagen auf dem Boden und spielten mit Technik-Lego. Sie nahm sich eine Banane aus der Speisekammer und hockte sich im Schneidersitz auf den Boden. Sie versuchte, ihrem Vater, der mit seinen Gedanken ganz woanders war, von den Ponys zu erzählen.

„Haben die jetzt mit Ponys angefangen?“ sagte er nur. „Schau hier, Kim! Wenn wir die kleinen Antriebsrädchen hier hinten hinsetzen, geht es bestimmt besser.“

Papa erklärte eifrig, und Kim tauchte neben ihm unter.

Carin seufzte. Ihr war klar, daß es jetzt keinen Sinn hatte, mit dem Vater zu reden. Er und Kim starrten fasziniert auf das Legoauto, das über die Falten im Wohnzimmerteppich kletterte. Es gibt wirklich einen Unterschied zwischen Jungen und Mädchen, dachte sie. Jungen werden von allem Technischen, das sich bewegt, sogleich verzaubert.

Eine ihrer Katzen, die Bussi hieß, tröstete sie. Die Katze rollte sich auf Carins Schoß auf den Rücken. Carin strich ihr über den flaumigen Bauch, und die Katze schnurrte fast so laut, wie der Motor des Legoautos dort auf dem Teppich.

Beim Essen wirkte Papa irgendwie nervös. Er stellte Fragen, hörte dann aber nicht auf die Antworten. Er war unruhig und sah immer wieder gedankenverloren zum Fenster hinaus.

„Geht das für euch in Ordnung, wenn ich übers Wochenende eine Freundin zu uns einlade?" fragte er schließlich.

Carin erstarrte auf ihrem Stuhl. Aha, deshalb hatte er also so sonderbar gewirkt. „Was denn für eine Freundin?" Carin gab sich ablehnender, als sie sich eigentlich fühlte.

„Sie heißt Lena und arbeitet an der Landwirtschaftsschule. Ich habe sie im Herbst bei einem Kurs kennengelernt." Er zögerte. „Nun kennen wir uns schon eine Weile, und ich dachte, es wäre Zeit, daß ihr sie auch kennenlernt."

„Freundin!" schnaubte Carin. „Eine neue Mutter meinst du wohl!" Sie biß sich in die Lippe und kam sich richtig gemein vor.

„Aber Carin! Du machst es mir so schwer. Von so etwas ist doch überhaupt noch nicht die Rede. Du hast schon eine Mutter. Aber du könntest ihr vielleicht eine Chance geben?"

„Wir werden am Wochenende zu Mama fahren!" sagte

Carin kurz. Sie sah Kim an, der mit dem Buttermesser in der Dose herumschmierte. Er nickte ihr zu.

„Na ja, dann“, der Vater seufzte. „Du weißt ja, Carin, daß ihr immer an erster Stelle kommt, aber ich bin auch noch da. Ist es dir noch niemals in den Sinn gekommen, daß ich auch jemanden brauche, mit dem ich zusammensein möchte?“

Doch, daran hatte sie schon oft gedacht. Und sie hatte sich davor auch gefürchtet. Es war so schön jetzt, wo nur sie drei da waren. Und sie brauchte nur eine Mutter. Aber daß Papa sich manchmal einsam fühlen mußte, das verstand sie.

Sie war ihm gegenüber vielleicht ungerecht. Er war tatsächlich schwer in Ordnung. Über die meisten Dinge konnte man mit ihm reden, und er war in allen Situationen für sie da. Da war nur diese ganze „Pferdegeschichte“, für die er kein richtiges Verständnis hatte. Carin sollte sich damit zufriedengeben, auf ihrem großen Kaltblüter Tore umherzutotten, obwohl der so breit war, daß einem die Beine weit abstanden. Richtige Reitstunden waren nicht nötig, fand der Vater. Was sie vom Reiten wissen mußte, hatte er ihr selbst beigebracht. Ihre Freundin Nina rief an. Sie beschlossen, daß Carin am nächsten Tag zum Training mitkommen sollte. Sie durfte im Reitstall immer die Pferde warmreiten und konnte dadurch etwas lernen, daß sie zusah. Mit Reittheorie war sie nun schon bis zum Bersten angefüllt.

Am Abend wollte sie mit ihrem Vater reden, sie wollte alles wieder gutmachen. Doch zuerst war er draußen bei den Stieren. Später saß er vor dem Fernseher und sah sich Eishockey an. Ihr Hund Puck lag vor dem Fernsehapparat und wedelte jedesmal freudig mit dem Schwanz, wenn es ein Tor gab. So wurde nichts ausgesprochen.

Jeden Morgen begrüßte Carin jetzt die struppigen Ponys. Bald schon erkannten sie das Geräusch ihres Fahrrades. Sie wieherten schon fröhlich, noch bevor Carin auf den Hof kam.

Am Freitag waren zwei von ihnen fort. Zurückgeblieben war eins von den beiden braunen, ein Stutfohlen mit sternförmiger Blesse und vier weißen Strümpfen. Es rannte unruhig hin und her und rief nach seinen verschwundenen Freunden. So aufgeregt war die kleine Stute, daß sie sich nicht einmal die Zeit nahm, Carin zu begrüßen. Sie rannte, daß sie schwitzte, und der dünne, kleine Schweif stand hoch aufgerichtet. Carin befragte das Mädchen der Familie und erfuhr, daß die anderen beiden Ponys tags zuvor nach Finnland verkauft worden waren. Carin versuchte, das verzweifelte Pferd zu beruhigen, doch dann mußte sie sich beeilen, zur Schule zu kommen.

Am Samstag brachte Lars sie zum Bus. Er sah müde aus und sprach nicht viel.

„Wir können morgen vormittag schon wieder zurückkommen“, sagte Carin und warf sich den goldblonden Zopf über die Schulter.

Mit Sicherheit würde Mama dann sauer sein, doch es war auch schwer, Papa so traurig sehen zu müssen.

„Dann könnten wir diese... Lena ja noch kennenlernen!“

„Ja sicher! Das wäre schön. Ruf mich an und sag mir Bescheid, wann ihr kommt.“

Papa lächelte sie an. Als der Bus kam, umarmte er Kim und sie.

Mama hatte Semmeln gekauft. Die aßen sie mit warmer Milch und Zimt. Niemand in Carins Klasse mochte Semmeln mit Milch. Deshalb war es besonders lustig, sie so essen zu können. Groß und duftend schwammen sie im Teller.

Gunilla wollte alles von ihnen wissen. Doch Carin wollte nicht alles erzählen. Auf eine bestimmte Art wußte sie, daß sie mit ihren beiden Leben jonglieren mußte, so daß sie beiden Eltern gerecht wurde.

Es war anstrengend, zwei Leben zu leben, ohne sie zu einem zusammenfügen zu können. Wenn sie bei ihrer Mutter war, nahm sie auf sie Rücksicht, über bestimmte Dinge konnte sie nicht reden. Das war einfach so ein sicheres Gefühl. Deshalb sagte sie auch nichts über Papas Freundin.

Statt dessen erzählte sie immer wieder von der Schule. Kim erzählte vom Kindergarten. Schließlich schien Mama zufrieden zu sein.

Dann sahen sie sich einen Film an, der nicht besonders gut war. Doch Kim war schon zufrieden, wenn er nur die Fernsehwerbung sehen durfte.

Am Abend bekam Carin Heimweh. Sie verstand nicht, warum, doch in dieser Wohnung zu sein, das machte sie unruhig. Dabei war dies hier doch auch ihr Zuhause. Gunilla gab sich alle Mühe; sie kochte ihnen Filetspitzen Stroganoff, doch nicht einmal das konnte sie aufmuntern. Carin dachte an die kleine Welsh-Stute und fragte sich, ob sie aufgehört hatte, so verzweifelt nach ihren Freunden zu rufen.

Mama war natürlich enttäuscht, als Carin und Kim bereits am nächsten Morgen wieder heimfahren wollten. Doch sie brachte sie verständnisvoll zum Zehn-Uhr-Bus. Den ganzen Heimweg über fühlte sich Carin schlecht. Als sie endlich aussteigen konnten, fühlte sie sich matt und schwindelig im Kopf. Dort hinten am Auto stand Papa,

2 10126-9

neben ihm eine schlanke Frau mit langem, hellem Haar. Sie hielt Puck an der Leine. Der Hund sprang den Kindern auf den Hinterbeinen entgegen.

„Das ist Lena“, sagte Lars, als ob sie das noch nicht begriffen hätten. Er umarmte sie nicht, wie er das sonst immer tat, und Carin fand, daß er irgendwie verändert war. So steif.

Im Auto lachte er und flirtete mit Lena. Er schien völlig vergessen zu haben, daß die beiden hinten saßen. Carin begann zu bereuen, daß sie so zeitig wieder nach Hause gefahren waren. Kim und sie schnitten sich gegenseitig Grimassen. Papa wirkte so lächerlich!

Wieder daheim machte Carin eine Runde und begrüßte alle Tiere. Die Katzen im Kuhstall, die lange Reihe Jungbullen, die Hühner und den großen Tore natürlich. Es kam ihr vor, als sei sie mehrere Wochen lang fortgewesen. Puck rannte eifrig neben ihr her und hüpfte dann und wann mit einem Freudensprung in die Luft.

Carin saß in der Hocke, und die Hühner fraßen ihr aus der Hand, als plötzlich jemand hinter ihr stand.

„Wie schön sie sind. Hast du ihnen allen Namen gegeben?“ Lenas Stimme war sanft, so anders als Mamas rauhe Stimme. Zuerst wollte Carin nicht antworten. Doch dann fand sie, daß Lena ruhig die Namen der Hühner wissen durfte. „Hm, das hier ist Agda!“

Carin zeigte auf das graugesprenkelte Huhn, das am mutigsten war.

„Das schwarze heißt Clara, das graue Ingela. Das hellbraune nennen wir Orpan und das dunkelbraune Magga.“ Gegen ihren Willen klang ihre Stimme ganz eifrig. „Den Hahn haben wir Sune getauft, obwohl er lange Susanne geheißen hat ... Papa dachte, er sei ein Huhn, bis er eines Tages krähte“, erklärte sie.

Lena lachte. „Daß du sie so zahm gekriegt hast! Du kannst gut mit Tieren umgehen!“

Carin wurde rot. Glaubte Lena etwa, sie könnte sich einschmeicheln? Sie antwortete nicht, und Lena verließ sie, während Carin Orpan noch auf dem Arm hielt.

Sie tranken Tee auf der Veranda. Die Sonne wärmte angenehm, und sie wandten ihre blassen Nasen dem Himmel zu. Lena hatte Scones gebacken, kleine runde Kuchen. Sie schmeckten sehr gut, und Carin aß drei Stück, obwohl sie nur eins hatte essen wollen.

Nach dem Tee radelte sie zum Traberstall hinab. Sie hörte das Wiehern des Ponys schon von weitem. Man brauchte kein Pferdefachmann zu sein, um zu hören, wie unglücklich die Stute war.

Carin stand lange am Zaun und versuchte, das kleine Pferd zu trösten. Sie rupfte Gras aus, das an der Stallmauer wuchs. Nervös verschlang das Pony die Halme, sah sich aber die ganze Zeit unruhig um. Die beiden Kinder saßen hoch oben auf den Zaunpfählen.

„Wir haben sie heute geritten“, sagte der Junge und nickte zufrieden. „Wir beide auf einmal, und Papa hat sie geführt.“

Carin zog eine Grimasse, sah aber ein, daß sie kaum damit aufhören würden, nur weil sie sie vorwurfsvoll ansah. Statt dessen würden sie vielleicht wütend werden und sie wegscheuchen. Dann würde sie die Stute mit den wachen, braunen Augen und dem lustigen, struppigen Fell und dem weichen Maul nicht mehr wiedersehen können.

„Sie heißt Friolina“, sagte das kleine Mädchen. „Aber wir nennen sie meistens Lina. Wir dürfen sie als Reitpferd behalten.“

Friolina, dachte Carin. Was für ein lustiger Name. Aber sie bemerkte auch, daß das Pferd vor den Kindern Angst zu haben schien. Carin fragte sich, was sie wohl mit Lina machten, wenn keiner zusah ...

Leo tauchte in der Stalltür auf. Seine Frau war flüchtig hinter ihm zu sehen. Auch sie sah ängstlich aus. Sie hielt einen Besen in der Hand. Leo sagte etwas über die Schulter, und die Frau verschwand eilig im Dunkel des Stalles.

„Warum darf Lina nicht mit den anderen Pferden auf die Weide, wenn sie so traurig ist?“ fragte Carin. Sie wunderte sich selbst darüber, daß sie sich das traute.

Leo lachte schallend. „Die da soll dürfen mit meinen schönen Pferden gehen? Nein, nein! Meine Pferde viel Geld wert. Viele tausend mehr als sie. Ich riskieren nicht, daß was passiert. Hübsches, kleines Pferd übrigens!“ Er zeigte auf Friolina. „Papa kauft dir!“

Carin schüttelte den Kopf. Dazu würde sie ihren Vater nie kriegen.

Leo verlor sogleich das Interesse und schrie den Kindern etwas zu. Hurtig wie Pingpong-Bälle hüpften sie vom Zaun herunter.

Carin blieb noch eine Weile bei dem verängstigten Pony. Dann fuhr sie durch den Wald voller Vogelstimmen heim. Doch Carin hörte sie nicht. Sie sorgte sich um Friolina. Und es bedrückte sie, daß sie ihr nicht helfen konnte.

Der Frühling hielt seinen Siegeszug durch die Natur, und in wenigen Wochen war der Schnee fort. Die Abende wurden länger und heller, und Carin kam viel zu spät ins Bett. Sie besuchte Lina jeden Morgen und oftmals noch einmal am Nachmittag. Das Pony schrie nicht mehr so viel, doch es schien sich vor Menschen immer mehr zu fürchten. Carin akzeptierte es weiterhin. Doch wenn eines der Kinder der Familie kam, lief es in seinem engen Paddock unruhig hin und her und warf nervös den Kopf auf.

Eines Morgens beobachtete Carin, wie der Junge mit Steinen nach Friolina warf. Das Pony stand außer sich vor Angst an die Stallwand gedrückt. Carin wurde so wütend, daß sie fast vom Rad gestürzt wäre. Sie schleuderte das Fahrrad von sich, rannte hinüber und packte den Jungen. Sie schüttelte ihn, bis er den Stein fallen ließ, den er in der Hand gehalten hatte.

„Was tust du da!“ schrie sie. „Du schmeißt mit Steinen nach Lina?“

Wie aus dem Nichts stand plötzlich sein Vater da. Seine Augen waren schwarz vor Wut. Sofort ließ Carin den Jungen los. Sie sah ein, daß sie etwas zu weit gegangen war. „Er hat mit Steinen geschmissen!“ stammelte sie.

„Du hast da keine Nase reinzustecken!“ zischte Leo

durch die Zähne. „Du kannst hier wegbleiben! Wir haben dich nicht gebeten, hier zu sein!“

Carin wandte sich um und schnappte sich ihr Fahrrad. Aus dem Augenwinkel heraus sah sie, wie der Junge zufrieden grinste. Da hatte sie etwas angerichtet! Vielleicht durfte sie Lina nun nicht einmal mehr ansehen. Die Tränen ließen ihre Blicke verschwimmen. Kaum, daß sie noch genug sah, um radfahren zu können. Wie sollte sie nur die kleine Stute von dort retten können? Jeden Tag, der verging, würde es für das Pferd nur noch schlimmer werden. Es war, als ob die Kinder sich an ihrem Vater rächten, indem sie das Pony quälten.

Lena war jetzt immer öfter bei ihnen. Carin mußte bereitwillig zugeben, daß sie sie gut leiden mochte. Lena drängte sich nicht auf, war aber dennoch immer da, wenn sie gebraucht wurde. Papa war viel fröhlicher, wenn sie im Haus war. Carin begann, sich an Lenas Gegenwart zu gewöhnen, obwohl es ihr manchmal nicht paßte. Dann zog sie sich zurück und blieb für sich allein. Lena hatte Kim ganz schnell erobert. Sie hatte unendliche Geduld, wenn er ihr seine Geschichten erzählte, und las ihm abends immer vor.

Carin hätte sehr gern mit Lena über die Sache mit Friolina gesprochen. Sie hatte das Gefühl, daß sie es verstehen würde. Doch gleichzeitig wagte sie nicht so recht, sich Lena anzuvertrauen. Nein, noch nicht.

Der Sommer kam und ging wie ein Eilzug. Häufig war Carin bei Nina und half ihr bei den Vorbereitungen für die Turniere. Ninas Mutter bemerkte ihr sorgfältiges und fleißiges Arbeiten. Sie fand, daß es sehr schade sei, daß Carin kein eigenes Pferd haben konnte, da sie sich doch so intensiv um Pferde kümmerte. Mehr als Nina, die manchmal ganz schön faul sein konnte.

Von Friolina bekam Carin jetzt nicht viel zu sehen. Sie war weit weg vom Stall auf einer abgelegenen Weide, und darüber war Carin froh. Es war gut, daß die Stute nicht mehr so in der Nähe der Geschwister war und daß Carin ihr angstvolles Wiehern nicht mehr hören mußte. Doch das war keine Lösung, Carin wußte es.

Es wurde August, und der Schulbeginn nahte. Carin wartete darauf, endlich konnte sie wieder anfangen zu lernen. Ihretwegen hätte sogar am Wochenende Schule sein können. Doch sie mußte ja auch noch einige andere Dinge schaffen. In diesem Jahr würde sie mit in den Chor gehen. Vielleicht würde sie deshalb gehänselt werden, doch sie hatte sich dazu entschlossen. Linda war dabei, so brauchte sie nicht allein zu sein. Nina würde sie trotzdem mögen, obwohl sie sich nicht so verhielt wie alle anderen.

Am Morgen des ersten Schultags war der Himmel grau und schwer. Carin zitterte in ihrer dünnen Jacke auf dem Rad. Als sie sich dem Traberstall näherte, hörte sie ein wohlbekanntes Wiehern. Friolina war wieder da!

Sie sah ungewohnt aus, wie sie da in ihrem feinen Sommerfell auf der Weide stand. Viel schlanker und edler in den Linien wirkte sie. Carin sprang vom Rad. Die Stute scharrte mit dem Huf und lehnte sich so über den Zaun, daß er sich durchbog. Carin sah sich um, doch kein Mensch war zu sehen. Da ging sie vorsichtig zu Lina hinüber. Die Stute wirkte gesund und munter, sie hatte auf der Weide einen dicken, ganz runden Bauch bekommen.

Carin streichelte dem Pony über das Maul und kraulte es spielerisch an den kleinen hübschen Ohren. Da klapperte es von der Stalltür herüber, und Carin zog sich schnell zu ihrem Fahrrad zurück. Es war wohl am besten,

Leo nicht zu reizen. Sie hörte, daß jemand auf den Hof hinaus kam, doch sie fuhr schnell davon, ganz schnell, ohne sich umzusehen.

Doch von diesem Tag an wurde es nur noch schlimmer. Die Kinder dachten sich alle möglichen gemeinen Tricks mit dem Pony aus. Auch wenn Carin gar nicht alles sah, was sie taten, das, was sie sah, reichte ihr ganz und gar. Sie ritten und schlugen Friolina. Sie banden sie am Zaun fest und bewarfen sie mit Tannenzapfen und Steinen. Carin wurde immer verzweifelter. Sie konnte auch nicht auf einem anderen Weg zur Schule fahren. Ihr Vater hatte ihr verboten, die große Straße zu nehmen.

Abends weinte sie sich häufig in den Schlaf. Eines Abends kam Lena und setzte sich zu ihr auf die Bettkante. Nach einer Weile hatte sie aus Carin die ganze Geschichte herausbekommen.

„Ich werde mit Lars reden“, sagte sie. „So darf das nicht weitergehen. Schlimmstenfalls müssen wir sie anzeigen.“

Carin nickte, sie fühlte, wie gut es war, die Sache mit jemandem teilen zu können. Lena saß bei ihr, bis sie eingeschlafen war.

Am nächsten Tag machten Lena und Lars am Nachmittag einen Spaziergang mit Puck. Sie nahmen den Weg am Traberstall vorbei, und Carins Vater konnte mit eigenen Augen mit ansehen, wie die Kinder das von Panik ergriffene Pferd quälten. Auf dem Heimweg gingen sie ganz nah an den Zaun heran. Da sah Lars, daß das Pony eine runde Verletzung am Hals hatte.

„Ich wette, daß die Kinder damit auch was zu tun haben“, sagte er. „Die Sache ist eigenartig. Um seine Traber sorgt er sich, als wären sie aus Porzellan. Aber um das Pony kümmert er sich offensichtlich überhaupt nicht.“

Auf dem Heimweg geriet Lars richtig in Wut. Das war

doch nicht zu fassen! Eine Anzeige? Es würde schwer sein, etwas zu beweisen, und das Pferd war nicht verwahrlost. Mit einem Mal verstand er, wie schwer es für Carin gewesen sein mußte, jeden Tag hier vorbeizufahren. Sie hatte einige Male versucht, mit ihm darüber zu reden. Doch er hatte ihr nicht zugehört! Hatte nur seine eigenen Probleme im Kopf gehabt!

Am Abend saß Lars nach dem Essen in seinem Lieblingsstuhl und zog an seiner Pfeife. Er war so sonderbar abwesend, daß Carin sich nicht traute, ihn wegen ihrer Hausaufgaben zu stören. Plötzlich fuhr er aus dem Stuhl auf, als ob er einen Stoß bekommen hätte. Puck, der bei ihm gelegen und geschlafen hatte, erschrak, so daß er in die Diele hinauslief und zu bellen begann.

„Carin! Komm mit! Wir haben etwas zu erledigen!" rief Lars entschlossen.

„Was wollt ihr machen?" fragte Lena mit großen Augen. „Draußen regnet es in Strömen, und außerdem ist es stockdunkel."

„Das spielt keine Rolle!" sagte der Vater. „Das Wetter kann sein wie es will! Ich denke nicht daran, auch nur noch eine Minute länger zu warten."

Er zog sich Stiefel und Regenmantel an und sagte Carin, sie solle sich auch anziehen. Als sie einwandte, daß sie doch eigentlich ins Bett müßte, winkte er abwehrend mit der Hand.

„Schlafen, das kannst du ein anderes Mal! Jetzt werden wir die Sache mit dem elenden Pferd in Ordnung bringen."

Carin starrte ihn verblüfft an. Ihre Unterlippe begann zu zittern. War Papa verrückt geworden? Wollte er sie in den Platschregen und die tiefe Dunkelheit hinaus zwingen, um etwas mit Tore zu machen? Zögernd zog sie ihre

Kleider an und warf Lena einen fragenden Blick zu. Doch Lena schüttelte nur den Kopf und zuckte mit den Schultern. Carin folgte ihrem Vater hinaus in die stockdunkle Nacht. Es gab keinen Zweifel mehr daran, Papa war verrückt geworden.

Es goß in Strömen. Wie ein Vorhang stand der Regen draußen vor der Tür, doch Papa stapfte hinaus und zog Carin mit sich. Mit Riesenschritten ging er zum Stall. Carin mußte rennen, um ihm folgen zu können. Der Vater knipste alle Lampen an, und die Tiere blinzelten verschlafen ins Licht. Tore ließ ein dumpfes Wiehern hören.

„Jetzt gehen wir ein Weilchen spazieren, mein alter Junge", hörte Carin ihren Vater sagen. „Komm nur!"

Ohne sich um Carins Einwände zu kümmern, holte er Halfter und Führstrick und führte Tore in die Stallgasse. Das große Pferd sah erstaunt aus, ging aber folgsam mit hinaus in das furchtbare Wetter.

„Du kannst reiten, wenn du willst", sagte der Vater.

Aber Carin schüttelte den Kopf. Im Augenblick konnte sie sich nichts Ungemütlicheres denken, als in nassen Sachen auf Tores breitem Rücken zu kleben.

Sie gingen rasch zum Ort hinab. Carin konnte kaum die Hand vor Augen sehen. Sie orientierte sich an Tores einem Hinterhuf, der weiß in der Dunkelheit leuchtete.

Nach wenigen Minuten waren sie so naß, daß sie die Kleider hätten auswringen können. Der Regen rann ihnen am Leib hinab, und Carin fühlte, wie ihre Jeans an den Beinen klebten. Es tropfte von der Nase, und auch ihr

Rücken war durchnäßt. Die Schritte ihres Vaters und Tores Huftritte schmatzten laut vor ihr im Schlamm, und das Wasser spritzte nur so um sie herum.

Tränen brannten Carin unter den Augenlidern. Wenn sie nur begreifen könnte, was in Papa gefahren war. „Wohin sind wir denn unterwegs?“ schniefte sie.

„Zum Traberstall!“ Die Antwort des Vaters kam wie ein Peitschenhieb durch die Dunkelheit. „Wir werden versuchen, ihm dieses Pony abzukaufen. Wir dürfen nicht länger warten. Wenn er jetzt nur keine Schwierigkeiten macht!“

Friolina kaufen! Carin glaubte, sie hätte nicht recht gehört. Doch plötzlich rannte sie auf dem Weg vor. Es war auf einmal so leicht zu gehen. Sie vergaß den Regen und die Dunkelheit und daß sie so müde war. Sie merkte nicht einmal, daß ihre Stiefel sich allmählich mit Wasser füllten, daß die Füße darin herumknatschten wie Kaulquappen in einer Dose. Das letzte Stück rannte sie beinahe.

„Aber Papa, warum hast du Tore mitgenommen?“

„Ich befürchte, daß das Pony sich sonst nicht traut, mit uns zu gehen. Es ist bestimmt nicht gewöhnt, mit Fremden in der Dunkelheit herumzulaufen. Aber Tore bringt es vielleicht dazu mitzugehen.“

Wie klug der Papa doch war! Carin verstand das Ganze sofort. Wenn jetzt nur alles gutging!

Am Stall angekommen, band der Vater Tore neben der Stalltür fest. Sie gingen die wenigen Schritte zur Tür des Hühnerhauses und klopften an.

Wir müssen ja herrlich aussehen, dachte Carin, wie zwei begossene Pudel.

Da wurde die Tür geöffnet, doch nur einen kleinen Spalt breit. Leo spähte in die Dunkelheit, der Regen spritzte ihm ins Gesicht. „Wer ist da?“

„Lars Hansson vom Nachbarhof", sagte Carins Vater. „Wir sind gekommen, um Ihnen die Stute abzukaufen."

„Stute?"

„Das Pony", erklärte der Vater kurz.

„Ach, das", der Mann öffnete die Tür ein Stück weiter. Er zögerte einen Moment, entschloß sich dann aber, sie hineinzulassen. Carin sah sich mit großen Augen um, als sie in die Wohnung eintraten. Sicher, es war unaufgeräumt, aber dennoch gemütlich. An den Wänden waren geblümte Tapeten, und die Decke war niedrig.

Sie zogen sich die Stiefel aus. Carin war gezwungen, auch noch die Strümpfe auszuziehen. Doch trotzdem hinterließ sie einen nassen Fußabdruck.

Drinnen in der Stube saßen die Kinder vor dem Fernseher. Neugierig betrachteten sie die ungewöhnlichen Gäste. Leos Frau rieb nervös die Hände am Rock. Verzweigte Pflanzen wuchsen die Wände entlang, und aus einer großen Porzellanschale auf dem Tisch strömte der Duft von Rosenöl.

Carin sah, daß ihr Vater sich aufs äußerste zusammennahm, um nicht zu zeigen, wie zornig er war.

„Wieviel wollen Sie für das Pferd haben?" Er kam direkt zur Sache.

„Ja, das nicht sein zu verkaufen", begann Leo.

Die Familienmitglieder standen inzwischen wie Leibwächter um ihn herum.

„Wieviel?" wiederholte der Vater und ging gar nicht auf Leos Einwände ein.

„Okay, dreieinhalbtausend Kronen", sagte Leo und sah seine Frau an.

Es wurde ganz still. Carin wußte, daß ihr Vater nicht so viel Geld in ein Jungpferd investieren würde.

„Okay", sagte Lars so plötzlich, daß das Herz in Carins

Brust einen Purzelbaum schlug.

An das, was dann dort drinnen geschah, konnte sie sich später nicht mehr erinnern. In ihren Gedanken war sie bereits draußen im Stall bei Friolina.

Leo folgte ihnen mit einer Taschenlampe hinaus. Der Regen pladderte immer noch. Wie eine Sintflut, dachte Carin, als sie da in ihren nassen Stiefeln lief.

Als sie bei der Box ankamen, sah Lina sie erschreckt an. Leo mußte eine Weile herumhantieren, ehe er ihr das Halfter angelegt hatte. Sie warf den Kopf auf und rollte ängstlich die Augen. Mit einiger Mühe bekamen sie sie auf die Stallgasse hinaus, doch dann war Schluß. Friolina blieb stehen und ging keinen Schritt mehr. Sie hatte Angst.

„Hol Tore!" rief der Vater Carin zu.

Carin rannte zur Tür. Als der freundliche Nordschwede in der Tür auftauchte, beruhigte sich Friolina. Gleich darauf streckte sie den Kopf hinaus in den strömenden Regen. Schließlich ging sie ganz hinaus und schnupperte neugierig an Tores Maulwinkeln. Leo gab ihr einen Klaps aufs Hinterteil und wünschte Carin viel Glück mit dem Pony.

Vielleicht war er doch nicht so schlimm, fand Carin. Nur anders als sie. Schweigend gingen sie heim: der Vater, Carin, Tore und Lina. Das Pony folgte brav in Tores Hufspur. Carin hatte keine Probleme, Friolina zu halten, schwerer fiel es ihr dagegen, ihren schnellen Schritten folgen zu können. Es war, als ob Friolina so schnell wie möglich von ihrem alten Stall fort wollte. Bald war das Pony genauso naß wie Tore, das Wasser rann ihm in Strömen über den Rücken und an den Flanken herunter.

Carin genoß es, so neben Friolina herzulaufen. Wenn sie sie jetzt nur behalten durfte. Vielleicht hatte Papa gedacht, sie weiterzuverkaufen, nachdem er sie gerettet hatte. Aber Carin spürte, daß sie darüber heute abend nicht mehr reden sollte. Der Vater hatte schon mehr als genug getan.

Als ihnen die Außenlampe ihres Stalles entgegenleuchtete, spürte Carin plötzlich, wie müde sie war. Sie fror, hatte eiskalte Füße, und die Kleider klebten ihr am Körper. Friolina folgte dicht hinter Tores Schweif. Sie schien es in Ordnung zu finden, so im strömenden Regen und in der Dunkelheit hinter dem großen Braunen zu gehen.

„Was sollen wir jetzt mit ihr machen?" rief Carin ihrem Vater zu, von dem vor ihr mehr zu hören als zu sehen war.

„Sie wird die Nacht in der großen trockenen Kälberbox verbringen, bis ich ihr morgen etwas Besseres zurechtgemacht habe", rief Lars über die Schulter zurück.

Tore und Lars verschwanden im Kuhstall, wo die Tiere ihnen verschlafen entgegenblinzelten. Friolina zögerte in der Stalltür vor den fremden Gerüchen. Der Vater ließ Tore auf der Stallgasse stehen, damit Friolina Zeit hatte, sich ein Weilchen zu besinnen. Carin zog nicht am Führstrick, sondern wartete, bis das Pony von selbst durch die Tür gehen würde. Dann wandte Lina den Kopf und sah hinaus in die nasse Dunkelheit. Sie wieherte einmal hell, schüttelte sich das Wasser aus dem Fell und trat dann entschlossen in ihr neues Heim ein.

Hoch oben auf dem Schulhofbaum erzählte Carin ihrer Freundin Nina die ganze Geschichte. Es war Mittagspause, und sie hatten Labskaus mit Roter Bete gegessen.

„Aber warum hast du mir von dem Pferd nicht vorher was gesagt?" Nina sah beleidigt aus. „Ich dachte, wir seien die besten Freunde!"

„Ich fand, daß es da nichts zu erzählen gab. Beim Traberstall haben sie immer Pferde, die kommen und gehen. Und dann war alles so angefüllt bei dir wegen der Turniere und so."

Carin fragte sich selbst, warum sie Nina die Sache mit Friolina verschwiegen hatte. Doch wie hätte sie von den Quälereien erzählen können? Sie hatte es einfach nicht fertiggebracht.

„Wie sieht sie aus? Hat sie Papiere?"

„Sie ist ziemlich struppig, aber sie hat einen sehr hübschen kleinen Kopf. Ich glaube, daß Papa irgendwelche Papiere mitbekommen hat, aber ich hab es noch nicht geschafft, sie mir anzusehen."

„Aber was werdet ihr mit ihr machen? Du wirst sie nicht vor Weihnachten reiten können."

„Ich weiß auch noch nicht sicher, ob ich sie behalten

darf. Papa ist ja nicht so besonders am Reiten interessiert. Aber das würde mir nichts ausmachen. Ich finde es richtig gut, ein Tier zu haben, um das ich mich kümmern kann."

„Du bist verrückt! Ein Tier, um das man sich kümmern kann! Du solltest ein Pferd haben, mit dem du etwas anfangen kannst. Turniere gehen, meine ich!"

„Es reicht doch, daß du Turniere reitest", sagte Carin lachend. Sie fühlte, daß sie nicht mehr über Friolina reden wollte. Es würde sich früh genug zeigen, wie es weitergehen sollte.

Am Nachmittag hatten sie Werkstatt-Unterricht. Carin malte eine große, grüne, saftige Weide mit zwei braunen Pferden darauf. Dann backten sie einen Zuckerkuchen für die wöchentliche Vollversammlung. Die Jungen wollten sie ärgern und klauten das Backbuch, so daß sie über die Korridore hinter ihnen herjagen mußten.

Die Jungs waren manchmal so anstrengend, das war zum Verrücktwerden, fand Carin. Doch das Eigenartige war, daß die Jungen, wenn Carin einen allein traf, sehr nett waren.

Die letzte Stunde war Lesestunde. Carin vertiefte sich in *Das kleine Haus in der Prärie* und Nina in ein Pferdebuch. Es war ein schöner Abschluß für den Schultag, in ein Buch zu versinken.

Ehe sie sich trennten, beschlossen sie, daß Nina am nächsten Tag kommen sollte, um Friolina anzusehen. Heute war Mittwoch, da hatte Nina mit ihrem Pferd Caruso Training.

Carin radelte in Windeseile am Traberstall vorbei. Sie grüßte kurz das kleine Mädchen, das in der Stalltür stand. Emsig strampelte sie den ganzen langen Hügel hinauf. Völlig außer Atem fuhr sie daheim auf den Hof. Sie, die gewöhnlich so ordentlich war, warf das Fahrrad an die

3 10126-9

Hauswand und rannte zum Stall.

„Hallo, du!" Die Stimme ihres Vaters, die von der Haustür kam, stoppte sie mitten im Laufen.

„Denkst du etwa daran, in Schulkleidung in den Stall zu gehen?"

„Ach, Papa, bitte!" Carin sah ihn flehend an. „Ich will sie nur kurz begrüßen."

„Also, gut", der Vater lächelte geheimnisvoll. „Da wartet eine Überraschung auf dich!"

Sie konnte es kaum erwarten, bis sie die Tür geöffnet hatte. Dann wurde ihr bewußt, daß Friolina sicher keine heftigen Bewegungen ertrug, nach allem, was sie durchgemacht hatte. Also bremste sie sich. Ein helles Wiehern drang ihr entgegen.

Carin sah sich erstaunt um. Wie anders es im Stall aussah! Der Vater hatte die Trennwand zwischen zwei Kälberboxen herausgenommen und neben Tores Box eine schöne neue gebaut. Sogar eine kleine Krippe hatte er geschreinert. Carin wurde es ganz schwindelig. Sollte das etwa bedeuten, daß Friolina bleiben durfte? Sie öffnete die Tür zur Box und ging ganz leise zu der Stute hinein. Friolina stand auf der gegenüberliegenden Seite an der Wand und blickte ängstlich, aber auch ein wenig neugierig zu ihr herüber.

Direkt hinter der Boxtür blieb Carin stehen und streckte Lina die Hand entgegen. Das Pferd reckte den Hals, wagte aber nicht, an ihrer Hand zu schnuppern. Das Weiße in den Augen war zu sehen, furchtsam nahm sie Carins Witterung auf. Die hübschen, kleinen Ohren stellten sich abwechselnd nach vorn und nach hinten. Ein leichtes Zittern ging durch ihren Körper.

Carin setzte sich in die Hocke und begann, mit sanfter Stimme zu reden. Sie wußte nicht genau, was sie sagte, sie wollte dem Pony einfach durch ihre Stimme das Gefühl vermitteln, von Geborgenheit umfangen zu sein. Jetzt war Schluß mit den Grausamkeiten. Nun mußte Lina lernen, wieder Vertrauen zu den Menschen zu fassen. Und das würde nicht so schnell gehen.

Carin saß so lange in der Hocke, daß ihr die Beine einschliefen. Einmal berührte Friolina vorsichtig ihre Hand, zog sich dann aber schnell wieder an ihren Platz in der hintersten Ecke zurück.

Carin erinnerte sich daran, daß sie noch immer ihre Schulkleidung trug, und ging vorsichtig wieder aus der Box hinaus. Sofort trottete Lina mit großen Schritten zur Boxenwand und sah ihr nach.

„Na?" fragte der Vater, als Carin in den Hausflur trat.

Ohne zu antworten, warf sie sich ihm an den Hals. „Es ist super!" flüsterte sie ihm ins Ohr. „Papa?" Sie wußte nicht recht, wie sie es sagen sollte.

„Hm", brummte er und hielt sie ein Stückchen von sich weg.

„Ist ... ich meine ... darf Lina hierbleiben?" Die letzten Wörter preßte sie heraus.

„Du komische Nudel!" Er hob sie hoch bis an die Decke. „Natürlich wird sie hierbleiben. Sie gehört dir, Carin! Dafür gibt's dann aber nicht so viele Weihnachtsgeschenke in diesem Jahr!"

Carin traute ihren Ohren nicht. Friolina war ihr Pferd! Sie hatte wilde Schmetterlinge im Bauch, als ihr Vater sie ins Wohnzimmer trug. Dort saß Kim und versuchte, *Tintin* zu lesen. Der Vater ließ sie lachend auf das Sofa plumpsen. Kim protestierte. Doch Carin lachte nur. Da war nichts, das ihr jetzt die Laune verderben konnte. Sie küßte Kim zu dessen Erstaunen, sprang vom Sofa und ging, um ihre Schulkleider gegen die Stallsachen zu tauschen.

Nina sprang neben Carins Fahrrad her, sie schwang den Rucksack mit jedem Hopser. Schade, daß sie in Mathe und Schwedisch Hausaufgaben hatten. Aber wenn sie sich gegenseitig halfen, waren die sicher schnell gemacht.

„Mama und Papa sind so neugierig auf dein Pony, obwohl sie sich wundern, daß es ein noch so junges Pferd ist!“ Nina schielte zu Carin hinüber, die ihr Fahrrad schob.

„Aber warum sind sie so neugierig auf sie? An ganz einem gewöhnlichen Pony ist doch nichts Besonderes!“ Carin fühlte sich sonderbar irritiert von ihrem Interesse. Sie wollte Friolina für sich allein haben, wollte sie in aller Ruhe kennenlernen.

„Sie hatten natürlich damit gerechnet, daß du ein Turnierpferd kriegst“, fuhr Nina fort und schwenkte den Rucksack.

„Na, sie kennen eben meinen Vater nicht!“ rief Carin und schüttelte ihr blondes Haar. „Er mag Turniere nicht. Sie offenbaren das Schlechteste im Menschen, sagt er.“

Nina blieb ruckartig stehen und starrte Carin an. „Hat es aus mir das Schlimmste hervorgelockt, glaubst du das?“

„Nein, eigentlich nicht, aber bei manchen Leuten ist das

sicher so. Du weißt, wie weit manche Reiter gehen, was das anbelangt, und wie sie ihre Pferde quälen!“

Nina nickte. Klar, natürlich gab es schwarze Schafe bei den Turnieren.

„Aber du bist fürs Reiten begabt! Das ist Verschwendung mit deiner Begabung, sagt Mama.“

„Deine Mutter sollte sich nicht so viele Sorgen um mich machen!“ Carin bemerkte, wie wütend ihre Stimme klang. Sie legte Nina die Hand auf die Schulter. „Jetzt laß uns nicht mehr darüber reden. Komm! Wie beeilen uns, damit du das Wunder sehen kannst.“

Friolina wieherte tatsächlich, als sie in den Stall kamen. Sie war am Vormittag eine Weile draußen gewesen und hatte sich im Schlamm gewälzt.

Nina trat vor und beugte sich über die Wand der Box. Mit großen Augen betrachtete sie das zottelige, schmutzige Wesen dort im Stroh.

„Ja, sie ist wirklich ziemlich schmutzig“, sagte sie nach einer langen Weile. „Aber sie hat einen hübschen kleinen Kopf. Was hat sie eigentlich für eine Farbe?“

„Braun mit vier weißen Füßen, aber das kann man jetzt wirklich nicht erkennen!“ Carin lachte. „Siehst du, wie schüchtern sie ist? Es wird lange dauern, bis sie wieder zutraulich wird.“

„Können wir sie rausholen?“

„Wir können es probieren. Aber es wird schwer werden, ihr das Halfter anzulegen.“

Behutsam ging Carin zu Lina hinein und hielt das Halfter hinter dem Rücken. Langsam näherte sie sich dem Pferd und sprach die ganze Zeit mit sanfter Stimme.

„Was redest du da?“ wollte Nina wissen.

„Weiß ich selbst nicht. Einfach etwas, das in Linas Ohren gut klingt. Es beruhigt sie ein bißchen!“

Das kleine Pferd zitterte, als Carin ihm über den Hals strich, doch es stand still, so daß sie ihm das Halfter ganz vorsichtig über den Kopf ziehen konnte. Sie hakte den Führstrick ein und ging vor der Stute her aus der Box. Friolina zögerte, aber draußen war es wohl schöner als drinnen. Das Pony entschloß sich mitzugehen. An der Stalltür blinzelte sie in den Sonnenschein und drängte weiter, während Carin kaum nachkam.

Allmählich beruhigte Lina sich, und es ging einigermaßen anständig hinauf zum umzäumten Paddock. Dann und wann blieb Carin stehen und rief das Kommandowort *brrr.* Jedesmal, wenn sie wieder losgingen, schnalzte sie leise.

Sie machte eine Weile mit der Stute im Paddock ihre Runden, und Nina durfte sie auch führen. Carins Vater kam vorbei und meinte, es würde vorerst mit dem Training reichen. Vielleicht war es an der Zeit, sie mit Tore zusammenzulassen?

Carin sah unruhig zu, wie ihr Vater Friolina auf die Weide ließ. Tore spitzte die Ohren und wieherte der kleinen Stute freundlich entgegen. Dann hakte Lars den Führstrick aus, und Friolina tänzelte dem großen Nordschweden mit schwebenden Schritten entgegen. Den Schweif hatte sie aufgestellt, den Nacken anmutig gebogen. Sie sah so schön aus, daß Carin fast der Atem stillstand.

Eine Vollbremsung vor Tore, dann prustete Lina ihm in die Nüstern und schnupperte an seinem Hals. Plötzlich kicherte sie so schrill, daß Carin zusammenzuckte. Das Pony fuhr auf den Hinterhufen herum und rannte in rasendem Galopp über die Weide. Eine wilde Jagd begann. Der sonst so träge Tore donnerte in schnellem Galopp hinter ihr her. Carin schloß die Augen. Wenn sie sich nur nicht die Beine brachen, bei den vielen Steinen. Doch dann hörte sie den Vater lachen.

„Sieh einer an! Die Kleine hat dem Tore ordentlich eingeheizt. Habt ihr gesehen, wie der rennen kann, Mädchen? Ich frage mich nur, wie lange der alte Junge durchhält."

Lina bockte und keilte immer wieder übermütig aus, und Tore tat es ihr gleich. Nun, wo er die Gesellschaft eines jungen Mädchens bekommen hatte, wurde auch er wieder jung. Blieb er stehen, kam Friolina wie ein Wirbelwind, zwickte ihn spielerisch in die Kruppe und forderte ihn auf weiterzurennen. Schließlich stand Tore schnaubend da und konnte nicht mehr. Er keuchte heftig. Friolina begann, die Rinde von einem Baum abzuknabbern.

„Das hat ja vorzüglich geklappt", stellte Lars zufrieden fest. „Es wird gut für Tore sein, daß er auf der Weide nicht mehr allein sein muß. Pferde sind Herdentiere, sie brauchen Gesellschaft. Und jetzt, Mädchen, solltet ihr reingehen und Hausaufgaben machen. Ninas Mutter hat zur Sicherheit schon angerufen, damit ihr auch dran denkt!" Er lachte.

Die Mädchen sahen sich an und zogen eine Grimasse. Typisch Mütter, wirklich.

Gekonnt lenkte der Hufschmied Anton Simonsson seinen blauen Kombiwagen über den gewundenen Kiesweg. Der müßte neu mit Kies bedeckt werden, dachte er, als die Vorderachse in allen Löchern krachte.

Es war ein schöner Tag. Die Sonne glänzte an einem klaren Herbsthimmel, und das Frühstück war ausgezeichnet gewesen. Tore, der nordschwedische Kaltblüter von Hansson war unkompliziert und leicht zu beschlagen. Danach hatte er heute nur noch wenige Pferde zu versorgen. Man sollte sich nicht zu Tode schuften. Er hatte Kollegen erlebt, die sich in diesem Beruf kaputtgemacht hatten.

Anton fuhr mit dem Auto bis vor den Stall, um sein schweres Werkzeug auszuladen. Lars kam ihm in der Tür entgegen.

Sie begrüßten sich, und Anton konnte es nicht lassen, sich ein wenig über den Weg zu beklagen.

„Du müßtest wohl mal ein bißchen Kies streuen", sagte er und klaubte seine Pfeife aus der Brusttasche. „Oder eben einen Achsenbruch kriegen! Aber Kies gibt es doch mehr als genug. Das verschleißt den Wagen, Hansson", fügte Anton hinzu und klopfte auf sein Auto, als ob es ein Pferd wäre.

„Ja, ich weiß", sagte Carins Vater. „Ich hatte einfach

noch keine Zeit dazu.“

Sie gingen in den Stall. Es war dunkel darin, wenn man von draußen kam. Mit einem Ruck blieb Anton auf dem Gang stehen. Er hatte neben Tores großem Kopf den kleinen, hübschen Ponykopf entdeckt.

„Nein, sag nur, du hast dir noch eins angeschafft? Davon hast du am Telefon nichts gesagt.“

Anton mochte es nicht, wenn noch ein Pferd dazu kam, das beschlagen werden mußte und das er nicht kannte.

„Nein, nein, es ist nur ein Jungpferd. Ich dachte, du könntest sie dir mal angucken und vielleicht die Hufe ein bißchen auskratzen“, sagte Lars vorsichtig. Er kannte den Schmied.

Angucken und Hufe auskratzen, dachte Anton. Die denken alle, das wäre keine Arbeit.

Doch dann entdeckte er Carin, die neben der Boxentür stand. Bittend sah sie ihn an. Da gab er nach. „Also gut! Mit der Kleinen werd ich wohl auch noch fertig!“

Der Vater gab Carin ein Zeichen, Friolina auf die Stallgasse zu führen. „Wir wissen ja nicht, wie sie sich benimmt“, erklärte er schnell. „Sie ist ziemlich scheu.“

Mit Mühe bekam Carin Friolina zu fassen. Vorsichtig zog sie ihr das Halfter über den Kopf, dann ging sie zügig mit ihr aus der Box.

Das Mädel hat ein Händchen dafür, dachte der Schmied. Wie um alles in der Welt hatte sie Lars Hansson dazu gebracht, dieses Pferd zu kaufen? Er war doch immer dagegen gewesen. Und dann noch ein Pony!

Er ließ seinen fachmännischen Blick über den kleinen Pferdekörper wandern, und ihm gefiel das, was er sah. Vorsichtig strich er mit der Hand an einem Bein entlang und hob den Vorderhuf an. Friolina schnupperte neugierig an seinem Rücken, blieb aber ruhig stehen. Anton brummte beruhigende Worte. Dann begann er, leicht den Huf zu feilen. Friolina rührte sich nicht.

Anton war sicher, daß ihr so etwas bekannt vorkam. Er griff nach dem Messer, und die Raspel fiel polternd auf den Steinboden. Lina zuckte nicht einmal mit den Ohren. Immer noch auf der Hut, doch mutiger, machte sich Anton nun daran, Horn vom Huf zu schneiden. Carin und ihr Vater standen mucksmäuschenstill da und verfolgten jede Bewegung des Hufschmieds.

Die Hufe waren erstklassig, das Horn fest und glatt. Anton war es ein Genuß, diese wohlgeformten Hufe zu sehen, und den gut ausgebildeten Strahl. Wenn er Hansson nur dazu bekam, die Stute so spät wie möglich beschlagen zu lassen. Soweit er das sehen konnte, sollte dieses Pferd noch eine ganze Weile ohne Eisen gehen.

„Sie ist ganz ruhig, Carin“, sagte der Vater und sah auf die Uhr. „Du mußt jetzt losfahren, wenn du pünktlich kommen willst.“

Carin nickte. Sie strich Friolina über den Hals und flüsterte ihr etwas ins Ohr. Dann verabschiedete sie sich von den Männern und schlüpfte zur halboffenen Stalltür hinaus.

„Wo hast du sie her?“ fragte Anton, sobald Carin verschwunden war.

„Ach, das waren ein paar Nachbarn, denen sie gehörte. Die mit den Trabern. Es war nicht in Ordnung, wie sie sie versorgt haben. Carin hatte es sich sehr zu Herzen genommen. Am Ende bin ich hingegangen und hab mich angeboten, das Pferd zu kaufen.“

„Was mußtest du rausrücken?“

„Dreieinhalbtausend. Zuviel Geld vielleicht, aber ich hatte keine andere Wahl. Es hätte Schwierigkeiten geben können.“

„Stell dir vor, ich glaube, sie ist mehr wert als das“, sagte der Schmied mit Nachdruck. Ein gutes Pony!“

Lars sah ihn verblüfft an.

„Das ist ein gutes kleines Pferd, das du da erwischt hast, Hansson! Glaub mir, ich habe in meinem Berufsleben schon eine Menge gesehen. Laß sie nur in Ruhe auswachsen, dann wird aus ihr eine Schönheit werden.“

„Ja, ja, für Carin reicht sie auf jeden Fall. Sie wollte so gern ein Tier haben, das sie selbst versorgen kann!“

Anton schnaubte und stopfte sich erneut die Pfeife. Er glaubt mir nicht, der Verrückte, dachte er. Aber er wird schon sehen. Ich wette mein Hufmesser drauf, daß sie etwas Großes werden kann, die kleine Dame hier.

„Wie steht es mit den Hufen?“ fragte Lars vorsichtig.

„Was? Die Hufe? Die sind ausgezeichnet! Hundertprozentige Hufqualität, wenn du mich fragst. Die Stute kann einige Jahre ohne Eisen gehen, wenn sie vorsichtig geritten wird. Das war, als ob ich in Stein gehauen hätte. So war das. Sollen wir uns nun um den Kerl da kümmern?“

Friolina wieherte unruhig, als Tore ruhig und sicher aus seiner Box schritt; sie beruhigte sich aber, als er direkt vor ihr stehenblieb. Im Handumdrehen waren die alten Eisen herunter und die neuen aufgeschlagen. Die Hammerschläge klangen hell auf der Stallgasse.

Lars ließ Anton allein, um den gewohnten Kaffee zu kochen.

Carin stimmte aus vollem Hals in die anfeuernden Rufe der Zuschauer auf der Tribüne mit ein. Die Mädchen, die ganz vorn saßen, schwenkten ein Laken, auf das die Namen aller Reiter der Mannschaft geschrieben waren.

Zunächst kam Jenny mit Twilight in die Bahn. Er ging ein bißchen holprig, und man merkte deutlich, daß Jenny nervös war. Der Wallach sprang gut, doch er lief viel zu schnell. Carin schloß die Augen, als Pferd und Reiterin sich den Hindernissen näherten.

Sie hörte einen Aufschrei des Publikums und sah, daß Twilight vor dem Hindernis verweigert hatte. Jenny war hochrot im Gesicht, sie wendete ihr Pony rasch. Doch ihre Aufregung hatte sich auf das Pferd übertragen. Noch zwei weitere Versuche, dann wurden sie disqualifiziert.

Schade, dachte Carin. Twilight geht normalerweise wie am Schnürchen über die Hindernisse.

Als nächste startete Nina. Der Sprechchor der Zuschauer brauste erneut auf, und Carin umklammerte mit verschwitzten Händen das Programmheft. Es kam ihr vor, als sei sie es, die da reiten müßte, vermutlich würde sie sich dann noch schlimmer fühlen. So nervös wie jetzt dürfte sie niemals sein, wenn sie selbst reiten würde. Sonst würde alles in die Binsen gehen.

Zufrieden sah sie, wie Carusos Fell in der Sonne leuchtete und wie sein Schweif schimmerte. Nina und sie hatten lange gebraucht, um Caruso zu bürsten, bis er glänzte.

Nina ritt ruhig ein und grüßte die Schiedsrichter. Caruso nickte leicht mit dem Kopf, blieb aber mit allen vier Beinen ruhig stehen.

Bei jedem Hindernis, das sie nahmen, hüpfte Carin auf der Bank mit. Es ging sicher und zügig voran. Caruso wußte, was auf dem Spiel stand, und nach jedem Hindernis spitzte er schon wieder aufmerksam die Ohren zum nächsten hin.

Dann steuerten sie auf die Mauer zu, und Caruso flog mit viel Spielraum dazwischen hinüber. Carin begann sich zu entspannen. Caruso wechselte vorschriftsmäßig die Geschwindigkeit zwischen den Hindernissen, und Nina folgte ihm mit sanfter Hand über die Sprünge.

Noch zwei Hindernisse waren übrig, Carin wagte nicht hinzusehen. Dann brach der Jubel los. Caruso war null Fehler gegangen!

Später mußten sie noch einmal durch die Bahn zum Stechen. Das schrieben die Regeln vor. Carin rannte von der Tribüne hinunter, um sich um Caruso zu kümmern. Nina bekam im Turnier vor Aufregung immer so einen Druck auf der Blase.

„Super!“ rief Carin Nina zu, die glücklich und mit roten Wangen dastand.

„Na, lief es nicht toll?“ Nina überließ Carin die Zügel und klopfte liebevoll Carusos Hals.

Die Mannschaftsleiterin Annika kam zu Nina und gratulierte.

Caruso tänzelte ein wenig, als Carin aufsaß, um ihn kurz am langen Zügel auf dem Abreiteplatz zu reiten. „Du kannst gleich wieder hinein", flüsterte sie Caruso zu und richtete einen Flechtknoten in seiner Mähne. Caruso schnaubte und ließ den Kopf tief herabhängen. Ninas Mutter, Birgitta, kam zum Zaun, und Carin hielt Caruso an.

„Du, was hab ich für ein schlechtes Gefühl, Carin", sagte Birgitta und sah unglücklich aus. „Jetzt müssen sie wieder rein, und die Bahn ist so glitschig heute. Ich bin so nervös, das kannst du dir gar nicht vorstellen." Sie seufzte auf.

„Caruso ist so erfahren, es wird schon gutgehen", tröstete Carin sie. „Außerdem ist er die Bahn ja schon einmal gegangen."

„Ja, aber jetzt geht es auf Zeit, und wir haben keine Grasstollen."

Carin wunderte sich darüber, daß sie sich bei Turnieren immer so aufregte. Das mußte für Nina und ihr Pferd doch eine echte Belastung sein! Im übrigen war sie es, die Nina für die Turniere immer trainierte, Birgitta war früher selbst viel geritten, auch in großen Turnieren. Mit etwas mehr Ruhe hätte sie ihrer Tochter nur geholfen.

Caruso atmete wieder ruhig und gleichmäßig. Carin saß ab und führte ihn jetzt am Zügel. Sie wußte, daß man ein Pferd niemals als Sitzplatz mißbrauchen durfte.

Ninas Vater kam und reichte ihr eine heiße Wurst mit Brot.

„In zehn Minuten muß er rein. Nina kommt gleich. Du bist wirklich ein anständiges Mädchen, Carin." Er strahlte.

Carin spürte, wie sie errötete, doch sie antwortete nicht. Nina kam zu ihnen. Sie setzte ihren Reithelm zurecht und hielt ihrem Vater das angewinkelte Bein hin. Er hob sie in Carusos Sattel und gab dem Pferd einen leichten, freundschaftlichen Klaps auf die Kruppe.

„Mach was draus, Nina! Nichts übereilen, aber vor dem

letzten Hindernis voll auf Geschwindigkeit!"

Nina nickte. Sie begann, Caruso um die Bahn des Abreiteplatzes zu bewegen. Sie zog den Sattelgurt etwas nach und saß konzentriert im Sattel. Caruso ließ einen Haufen Pferdeäpfel fallen. „Halt uns die Daumen!" rief sie Carin zu. Mit beiden Daumen winkte Carin der Freundin zu.

Schon als sie in die Bahn ritten, fand Carin, daß etwas nicht in Ordnung war. Die Anfeuerungsrufe wurden laut, und Carin stimmte ein, Fahnen wurden geschwungen. Es gab keinen Zweifel darüber, daß Nina und Caruso bei ihren Reiterfreunden Rückenstärkung fanden. Aber dennoch, sie hatte so ein seltsames Gefühl ...

Die Glocke bimmelte, und Nina ritt zum Start. Caruso keilte vor Erwartung leicht nach hinten aus, und das Publikum lachte. Die ersten Hindernisse bewältigten sie fehlerfrei, es stand gut für sie. Dann eine enge Kehre und auf die Mauer zu.

Dort waren fast alle zu schnell. Carin wagte kaum hinzusehen. Ein reiner Sicherheitssprung von Caruso, und sie ritten auf das Hindernis vor dem Wassergraben zu.

Carin hielt die Luft an, als Carusos Vorderhufe beim rasenden Lauf ausglitten. Nina machte einen verzweifelten Versuch, ihn auf dem rutschigen Boden zurückzuhalten. Doch im nächsten Moment stürzten sie. Durch das entsetzte Gemurmel der Zuschauer hörte Carin, wie Birgitta aufschrie, als Caruso auf die Seite fiel und Nina unter sich zu begraben schien.

Einige furchtbare Sekunden lang war alles still. Dann rappelte Caruso sich mühsam auf und begann, mit zerrissenem Zügel und hängenden Steigbügeln loszulaufen. Bahnhelfer eilten herbei und versuchten, das durchgehende Pferd einzufangen.

Nina lag noch auf dem Boden, ohne sich zu rühren.

Birgitta ging rastlos vor dem Sanitätsraum hin und her. „Was habe ich gesagt, was habe ich gesagt", rief sie immer wieder außer sich.

Drinnen war Ninas Vater, ein Arzt war dabei, Nina zu untersuchen. Nina war bei Bewußtsein. Sie weinte und hatte große Schmerzen in einem Arm.

„Der Arm ist gebrochen!" erklärte der Arzt. „Sie muß ins Krankenhaus, ich werde dort anrufen, damit sie das Röntgen vorbereiten können. Ansonsten glaube ich, daß Nina nicht ernsthaft verletzt ist, aber das werden wir erst nach der genauen Untersuchung wissen!"

„Danke für ihre Hilfe!" sagte Ninas Vater, der sehr blaß war.

Der Arzt machte mit der Hand eine beruhigende Geste und ging hinaus. Dort packte ihn Birgitta am Arm.

„Ein Armbruch", sagte er ernst. „Es besteht keine Lebensgefahr, Frau Sandberg. Aber um Ihrer Tochter willen ist es besser, wenn Sie sich jetzt zusammennehmen. Gehen Sie zu ihr!"

Birgitta nickte hastig, und er verschwand, um zum Telefon zu gehen.

Unten beim Pferdetransporter stand Carin, sie fühlte sich vor Sorge ganz krank. Sie hatte Caruso abgesattelt und den größten Schmutz vorsichtig abgebürstet. Caruso schien keinen Schaden genommen zu haben. Er war vorsorglich vom Turnierarzt untersucht worden und durfte mit nach Hause fahren. Der Schock von dem Sturz saß ihm noch in den Gliedern, mit hängendem Kopf stand er da.

Carin legte ihm die Transportschützer an und umwickelte den Schweif, damit er nicht in der Klappe klemmte. Sie sah auf die Uhr. Sie fragte sich, ob etwas Ernstes mit Nina war. Sie nahm etwas Heu aus dem Heunetz des Transporters und gab es Caruso zu fressen.

Endlich kam Birgitta. Blaß und mit geröteten Augen, doch sie weinte jedenfalls nicht.

„Du arme Kleine, du hast bestimmt schon gemeint, wir hätten dich ganz vergessen. Erik ist mit Nina zum Krankenhaus gefahren. Na, du weißt, was ich meine, er kommt mit so etwas viel besser klar als ich." Sie lachte nervös und wich Carins fragendem Blick aus. „Nina hat sich vermutlich den Arm gebrochen, sie hat furchtbare Schmerzen. Doch der Arzt meinte, daß sie nicht am Kopf verletzt ist. Sie trug ihren neuen Reithelm!" Sie seufzte. Ich hatte so ein Gefühl, daß heute etwas passieren würde, weißt du noch?"

Carin nickte, sie wußte aber auch, daß Birgitta immer sehr nervös war.

„Du bist ein Schatz, Carin", sagte Birgitta endlich und lächelte. „Jetzt fahren wir nach Hause. Ist Caruso in Ordnung? Der Tierarzt hat kurz mit mir gesprochen!" Sie klopfte den Hals des Ponys.

Auf dem Heimweg sprachen sie nicht viel miteinander. Beide dachten daran, was hätte passieren können. Birgitta wußte auch, daß Nina nun wohl sechs oder sieben Wochen nicht würde reiten können.

4 10126-9

„Glaubst du, Carin, daß du kommen und Caruso ein paarmal die Woche reiten könntest? Es wäre sehr lieb von dir, wenn du das tätest. Er wird ganz ungeduldig, wenn er nicht geritten wird."

„Klar mach ich das, wenn Papa es mir erlaubt."

„Ich werde anrufen und mit deinem Vater reden", Birgitta bekam einen entschlossenen Zug um den Mund. „Du könntest auch Ninas Unterrichtsstunden übernehmen, als Dankeschön für deine Hilfe. Die sollen dich wirklich nichts kosten", fügte sie hinzu, als sie Carins zögernden Blick sah.

„Aber Nina ist schon so weit gekommen." Carins Stimme war kaum zu hören.

„Du kannst eine ganze Menge, das hab ich gesehen, als du bei uns zu Hause geritten bist. Überleg doch mal, was für eine Chance es für dich bedeutet, ein bißchen Rat und Hilfe zu bekommen. Wo du doch ein junges Pferd einreiten willst!"

Carin errötete, wie sie da so neben Birgitta saß, keine der beiden sagte mehr etwas, bis sie in den Hof einbogen.

Später am Abend, als sie am Ofen saßen, erzählte Carin ihrem Vater, was geschehen war. Er backte Brot und stand mit hochgekrempelten Ärmeln und bemehltem Bauch vor der Anrichte.

„Da siehst du's, Carin! Es ist ein einziges Elend mit den Turnieren!" Er grinste sie an.

Sie verstand, daß er das nicht ganz so meinte, doch sie war trotzdem wütend auf ihn. Immerzu mußte er auf der ganzen Turniergeschichte herumhacken!

Methodisch knetete Lars den Teig, der wunderbar nach Kümmel und Fenchel duftete. Er machte „Papabrot", besonders gut schmeckte es mit Käse und Kresse darauf.

„Nina kann jetzt sechs oder sieben Wochen nicht reiten“, erklärte Carin und nahm sich ein Stückchen vom Teig.

„Aha, dann muß das Pony also eine Weile pausieren“, sagte der Vater.

Er hatte wirklich nichts kapiert! „Das ist nicht gut für ihn, Pause zu machen. Er hat Turnierkondition!“ schnaubte Carin.

Nun hielt der Vater mit dem Kneten inne und sah sie an, wie sie da neben dem Ofen an ihrem Teigstückchen naschte.

„Worauf willst du eigentlich hinaus?“

Er grub seine Hände erneut in den Teig und nahm noch etwas mehr Mehl. Als er den Teig auf die Anrichte schlug, staubte das Mehl wie eine Wolke um ihn herum.

„Sie haben mich gebeten, ihn zu bewegen, so lange Nina den Gips hat ... ein paarmal die Woche“, fügte sie hinzu, als Lars den Teig besonders heftig bearbeitete.

Er sah wieder auf, mit dieser Falte zwischen den Augenbrauen.

„Du hast jetzt ein eigenes Pferd. Hast du das vergessen?“

„Nein, das hab ich nicht vergessen. Aber auf Friolina kann ich doch noch nicht reiten.“

„Ich hatte mir gedacht, daß wir sie im Winter einfahren könnten. Das kann sie dann schon. Im übrigen müssen wir uns jeden Tag mit ihr beschäftigen. Und dann hast du auch noch Schule ... Und Mama!“

„Aber Papa, ich versprech dir, daß ich mich um all das trotzdem kümmere. Es wäre so toll, ein richtiges Turnierpferd zu reiten.“

Das *dong, dong* auf der Arbeitsplatte machte deutlich, daß der Vater das nicht guthieß. Doch er verstand, daß es schwer sein würde, Carin davon abzuhalten. Und es war ja auch nur für eine begrenzte Zeit. „Aber wer wird dich zum Reitstall fahren? Ich werde keine Zeit haben, dich jeden Tag hin und her zu kutschieren."

„Ich könnte mich vielleicht zur Verfügung stellen", sagte plötzlich eine Stimme hinter ihnen. Da stand Lena mit einem Korb voller Brennholz. „An einigen Tagen habe ich um drei Uhr Feierabend ..."

„Vielleicht ist es gar nicht so oft nötig, Papa", sagte Carin eifrig. „Ich fahr mit dem Schulbus zu Nina, und sie haben versprochen, mich nach Hause zu bringen, sooft sie können."

„Okay", sagte Carins Vater und klopfte seine Brote. „Ich gebe nach. Ihr seid zwei gegen einen!" Er legte die fertigen Brote auf das Blech und bedeckte sie mit einem Backtuch.

„Ich dachte daran, herzuziehen ... Natürlich nur, wenn es dir recht ist!" Lenas Stimme war dünn wie Papier. Sie sah nicht auf, sondern begann, das Brennholz in die Kiste zu räumen. Für eine Weile sagte niemand etwas, und Lars begann, die Arbeitsplatte aufzuräumen.

Carin fühlte sich überrumpelt. Sie erkannte, daß sie es fast als selbstverständlich ansah, daß Lena zu ihnen ziehen würde. Sie wäre gar nicht darauf gekommen, daß sie vielleicht auf ein Zeichen von ihr warteten. Sie versuchte, sich vorzustellen, wie das sein würde, wenn Lena jeden Tag da wäre. Und da wurde ihr ganz warm. Sie hatte tatsächlich nichts mehr gegen Papas „Neue".

„Ich fände das Klasse, wenn du zu uns ziehen würdest", sagte Carin und wußte, daß sie es genau so meinte.

Peng! Das letzte Holzstück landete mit einem Knall in der Kiste, als Lena sich zu Carin umdrehte. Ihr langes, helles Haar wirbelte um sie. Sie streckte die Arme nach Carin aus, die die Umarmung erwiderte.

„Wenn du wüßtest, wie glücklich du mich machst!" flüsterte Lena ihr ins Ohr. „Du brauchst mich nicht zu lieben, du hast ja schon eine Mutter. Aber wenn du mich ein klein wenig gern hast, wäre ich sehr froh. Es ist alles so viel leichter, wenn du damit einverstanden bist.“

Carin nickte. Sie wußte, daß sie keine neue Mutter bekommen hatte, dafür aber eine neue Freundin. Eine Freundin mit grünen Augen und schönem hellem Haar, so wie sie selbst.

Ein Pferd! Und jetzt fängst du auch noch an zu reiten! „Das ist ja maßlos, was Papa für dich ausgeben muß. Ungeheuerlich, wie viel Geld er plötzlich hat!" Carins Mutter blätterte irritiert in der Speisekarte herum, die sie vor sich hielt.

„Aber, Mama, so ist das doch gar nicht", versuchte Carin zu erklären.

„Jetzt müssen wir erst mal bestellen", sagte die Mutter.

„Wurst mit Pommes!" sagte Kim entschlossen.

Er wollte nie etwas anderes essen, wenn sie zum Essen ausgingen. Die Mutter wandte sich an Carin.

„Für mich eine Pizza Margherita und eine Fanta, bitte."

„Für mich auch eine Fanta", quiekte Kim und begann, den Salzstreuer gründlich zu untersuchen.

„Will sich Papa bei dir einschmeicheln, oder was ist es?"

„Aber Mama, es ist nicht so, wie du meinst!" Carin konnte nicht ruhig bleiben. Warum war immer alles so kompliziert, wenn sie sich trafen? Warum mußte sie zwei getrennte Leben führen, die sich nicht miteinander verbinden ließen? Es war doch nicht ihr Fehler, daß die Eltern nicht mehr länger miteinander leben konnten! Manchmal überkam sie dieses Gefühl, daß sie an allem schuld war.

„Ich habe dir Papa nicht vorgezogen", fuhr sie fort, „ich habe es nur vorgezogen, auf dem Land zu leben. Ich würde ersticken hier in der Stadt. Ich kann mir nicht vorstellen, irgendwo anders zu wohnen."

„Ich auch nicht", echote Kim, der dort sein wollte, wo seine Schwester war. Die Geschwister hingen sehr aneinander, obwohl sie sich oft stritten.

Die Mutter sah Carin lange an. Schließlich lächelte sie ein wenig. „Lassen wir das. Nun wollen wir erst mal gut essen. Was wollt ihr danach machen?"

„Nach Hause gehen und ein Spiel spielen", sagte Kim.

„Mir ist das egal", sagte Carin. „Wir können nach Hause gehen."

„Erzähl ein bißchen von deinem Pony", bat die Mutter und schnitt ein Stückchen von der Pizza ab, die so groß wie eine Langspielplatte war.

Das ließ Carin sich nicht zweimal sagen. Sie erzählte alles über Friolina und wie es zugegangen war, als sie sie endlich bekommen hatte.

Die Mutter lachte, als sie ihr den Weg in der Dunkelheit und beim Platzregen schilderte.

Kim dagegen stach heftig in die Wurst und sah gelangweilt aus. Dieses Pferdegerede war verdammt nervig. Er bespritzte seine Schwester mit Ketchup, doch Carin merkte das nicht einmal. Da gab es ein supertolles, ferngesteuertes Auto in einem Schaufenster in der Nähe. Das wußte Kim. Wenn sie nicht bald aufhörten, würde er dort hingehen und es sich anschauen.

„Wie sieht sie aus?" Die Mutter sah wirklich neugierig aus.

„Sie ist zierlich und hat im Winter ziemlich struppzotteliges Fell. Ihr Kopf ist schmal und richtig edel. Die Beine sind eigentlich zu lang für den Körper. Aber das macht nichts. Für mich ist sie das schönste Pony der Welt."

Die Mutter nickte. Sie verstand genau. Daß es Carins eigenes Pferd war, das war die Hauptsache. Das war etwas, wovon Carin so lange geträumt hatte, was sie jedoch nie hatten verwirklichen können.

„Ich bin ehrlich gesagt ziemlich erstaunt, daß Lars das gemacht hat. Wenn ich sie mir gewünscht hätte, hätte ich sie nicht so leicht bekommen. Es ist bestimmt Lenas Verdienst, daß ..." Carin verstummte und biß sich auf die Lippen. Mama wollte sicher nichts von Lena hören, das hatte sie im Gefühl. Doch die Mutter schien gar nichts gehört zu haben. Sie wollte Carin auch nicht mit der Fragerei auf die Nerven gehen. Sie würde schon früh genug alles von Kim erfahren.

„Wie steht es mit dir?" fragte sie und strich ihm über den Kopf.

„In einem Jahr oder so krieg ich ein Cross, das hat Papa versprochen!"

„Ein was?"

„Ein Motorfahrrad", sagte Kim ungeduldig. „Ein kleines natürlich", fügte er hinzu, als er den Gesichtsausdruck seiner Mutter sah.

„Ich habe es ja gesagt", meinte die Mutter. „Es kommt noch soweit, daß ich mir immerzu um euch beide Sorgen machen muß! Bei allem, was ihr mir da erzählt!" Sie seufzte. Eine halbe Pizza lag noch auf ihrem Teller. Carin hatte ihre auch nicht ganz geschafft. Ein Stück von der Kante war noch übrig, doch das leckere saftige Stück in der Mitte hatte sie aufgegessen.

Da saßen sie, alle drei, prall wie gerade gefütterte Kälber. Einen Nachtisch schafften sie nicht mehr, obwohl sie einen hatten bestellen wollen. Ein leiser Regen fiel, als sie durch die Straßen zur Wohnung der Mutter gingen.

Carin fand, daß es gutgegangen war. Nun wußte Mama alles. Vielleicht würde sie jetzt auch verstehen, daß es schwer war, in Urlaub zu fahren, wenn man ein eigenes Pferd hat. Sie hatte schon davon gesprochen, ein Häuschen an der Westküste zu mieten. Carin fragte sich, wie sie wohl darum herumkommen könnte. Zwei Wochen! So lange wollte sie nicht von Lina fort sein.

Sie spielten ein Wörterquiz, bis es elf Uhr war. Carin mußte zweimal versprechen, immer mit Reithelm zu reiten und besonders vorsichtig zu sein. Es stand so viel in der Zeitung, wie gefährlich Reiten ist. Aus dem Grunde traute sich Carin auch nicht, von Ninas Reitunfall zu erzählen. Dann hätte die Mutter keine ruhige Minute mehr gehabt.

Es war Sonntag abend. Carin fuhr mit der Bürste in ruhigen, gleichmäßigen Strichen über Friolinas Rücken. Nun konnte sie sie richtig putzen, ohne daß die Stute sich wehrte. Lina sah im Gegenteil so aus, als genieße sie die Prozedur. Leicht knabberte sie mit den Lippen an der Kante der Boxwand.

Linas Körper war nun mit einem dichten Fell bedeckt. Sie war viel draußen und hätte ohne weiteres rund um die Uhr auf der Weide sein können. Carin bürstete sie jeden Tag, hob alle vier Hufe und legte ihr eine Trense an, um sie an das Gebiß zu gewöhnen. Dann führte sie sie hinaus und ging mit ihr ein paar Runden über den Hof. Dort trainierten sie das Kommandowort. Bald blieb Lina folgsam stehen, sobald Carin leise *brrr* machte.

Ja, das Pony war sehr willig, aufmerksam und zur Zusammenarbeit bereit. Doch sie hatte auch einen bärenstarken eigenen Willen. Über alles wollte Friolina „diskutieren". Manchmal war Carin wegen der Dickköpfigkeit ihrer Stute den Tränen nahe. Und genau dann, wenn sie drauf und dran war aufzugeben, konnte das kleine Pferd plötzlich seine Meinung ändern und das tun, was Carin wollte. Dann hätte niemand ahnen können, daß ihr Pony gerade gestiegen war, gebockt und sich geweigert hatte, in die gewünschte Richtung zu gehen. Ja, das kleine Pferd, das sie da bekommen hatte, war eine richtige Persönlichkeit, das war sicher!

Am besten klappte es nachmittags, wenn Friolina schon den ganzen Tag mit Tore auf der Weide gespielt hatte. Dann war sie richtig empfänglich für Carins Wünsche. Doch im nächsten Augenblick war es möglich, daß sie jedes Kommando überhörte und sich lustlos und gleichgültig durch den Longierplatz schleppte. Es war wirklich ein Glück, daß Carins Vater Lars manchmal eingreifen und ein bißchen helfen konnte. Es wäre sonst für Carin alleine oft mühsam gewesen mit dem Pony. Friolina war im Umgang schwieriger und unberechenbarer als der gutmütige Tore.

Doch wenn Carin schon die Hoffnung aufgeben wollte, pflegte ihr der Vater auf die Schulter zu klopfen und zu sagen: „Es braucht seine Zeit, Carin. Sie wird schon noch ruhiger werden, du wirst sehen. Eins ist sicher. Sie ist nicht dumm! Im Gegenteil, Friolina ist sehr intelligent. Sie lernt schnell, wenn sie nur will!“

Eines Nachmittags hatte Carin sich vorgenommen, Lina mit der Hilfe des Vaters zu longieren. Sie war gespannt, ob ihr Pony mitmachen würde. Friolina stieß Carin ungeduldig in die Seite und scharrte mit einem Vorderhuf, daß die Sägespäne nur so flogen.

„Bist du fertig?“ rief der Vater über das Haustelefon aus der Küche.

„Ja“, rief Carin.

Friolina trat ein paar Schritte zurück.

Carin streichelte ihr beruhigend den Hals und hakte das Führseil ans Halfter. Sie führte Lina ohne Schwierigkeiten aus der Box, weil die kleine Stute voller Eifer war und versuchte, sich vor Carin durch die Tür zu schieben. Carin mußte sie zurückhalten und das Führseil kurznehmen. Dann begann Lina plötzlich zu springen, so daß Carin sie kaum halten konnte.

„Friolina!" Carins Stimme klang energisch, und die Stute horchte für einen Moment auf. Doch sogleich wurde die Lust zu springen und zu buckeln wieder übermächtig. Es war, als krabbelten dem Pony Ameisen durch die Beine. Da kam ihr Lars zu Hilfe. Das letzte Stück bis zum Paddock ging Friolina brav wie ein Lamm. Carin biß sich auf die Lippen. Sie wußte, daß sie psychische Überlegenheit über Friolina gewinnen mußte. Mit Körperkraft würde sie ihr niemals beikommen können. Sie mußte einsehen, begreifen, daß sie gehorchen mußte, und zwar ohne Zwang.

Die erste Runde an der Longierleine ging sie im langsamen Galopp, obwohl der Vater versuchte, Linas Tempo zu drosseln. Sobald sie an der Stallwand vorbeilief, begann sie mit ihren Marotten und schlug ein oder zweimal kräftig nach hinten aus.

„Die ist ja das reinste Pulverfaß!" Der Vater lachte.

Carin fand es gar nicht so lustig. Die Frage war, ob sie dieses Pulverfaß würden bändigen können. Niemals war ihr bewußt gewesen, wieviel Arbeit es brauchte, ein junges Pferd auszubilden. Dabei war dies erst der allererste Anfang.

Lina ging nun ruhiger. Jetzt konnte der Vater sie sogar dazu bringen, in einen zügigen Trab zu fallen. Wunderschön gleichmäßig lief sie dahin.

„Möchtest du's probieren?" Der Vater wandte sich Carin zu. „Ich werde hier neben dir stehenbleiben."

Carin kroch unter der Zaunlatte durch und ging zu ihm hinüber.

„Halt die Leine, locker, aber mäßig gespannt und halte ordentlich fest. Es sind deine Befehle, denen zu gehorchen sie lernen muß."

Lina hatte gesehen, daß Carin die Leine genommen hatte, und schon versuchte sie loszustürmen. Fast hätte Carin losgelassen. Lars redete die ganze Zeit beruhigend, aber mit fester Stimme zu der kleinen Stute. Und Friolina beruhigte sich sofort wieder. Sie lief gleichmäßig und in einer schönen Volte auf dem kleinen Longierplatz.

Was für ein Gefühl! Carin spürte, wie ihr die Freudentränen in den Augenwinkeln brannten. Das war für den Anfang wirklich gut gewesen. Friolina schien das Longieren richtig Spaß zu machen. Und sie gehörte ihr! Sie war Carins Pony.

Nina konnte einem leid tun, dachte Carin. Beim Sport durfte sie jetzt nicht mitmachen, und reiten konnte sie auch nicht. Dabei waren es die beiden Dinge, die sie am liebsten tat. Doch sie hielt sich tapfer, fand Carin. Sie selbst versuchte, Sachen zu machen, bei denen Nina dabei sein konnte.

Am ersten Tag in der Schule sollten alle aus der Klasse ihren Namen auf den Gips schreiben. Ola aus der Fünften zeichnete ein komisches Männchen darauf, und die Lehrer unterschrieben ebenfalls.

Nina las viel und spielte Spiele. Doch es wurde ihr deutlich, wie viele Dinge man sonst tat, für die man beide Hände benötigte. Wie gut, daß wenigstens der rechte Arm heil war, fand sie.

Am nächsten Tag ging Carin mit Nina heim, um Caruso zu reiten. Das Pony war seit dem Unfall nicht mehr bewegt worden.

„Du kannst dir meine Reithosen ausleihen, wenn du sie tragen magst", sagte Nina. „Es ist wirklich ein himmelweiter Unterschied zu normalen Hosen."

„Ich weiß", sagte Carin. „Vielleicht bekomme ich irgendwann auch welche. Lena sagt, sie würde mir welche nähen, wenn sie an ein Schnittmuster kommt."

„Sie scheint ganz lieb zu dir zu sein, diese Lena", sagte Nina und kratzte am Gips. „Ist es nicht anstrengend, zwei Mütter zu haben?"

„Ich habe nicht zwei Mütter!" fuhr Carin sie an. „Lena ist meine Freundin!"

„Tut mir leid", sagte Nina etwas erstaunt.

„Ach, ist egal! Komm jetzt, wir sind da."

Sie rannten zum Haus hinauf, wo Birgitta mit dem Essen auf sie wartete.

„Paß auf, daß er dich nicht abwirft", warnte Nina später draußen vor dem Stall. „Er ist manchmal sehr übermütig!"

Sie zeigte und erklärte Carin alles. Birgitta war ebenfalls da.

„Am ersten Tag reicht wohl die kleine Runde", sagte sie und hielt Caruso, während Carin aufsaß. „Wenn du zurückkommst, kannst du dich auf der Volte ein bißchen mit ihm vertraut machen. Du brauchst nur im Schritt und Trab zu reiten."

Carin war ein wenig verwirrt bei so viel Aufmerksamkeit. Es war schön, als Caruso und sie endlich wegkamen. Er war lebhaft und wollte losstürmen, doch Carin gab ihm noch nicht die Zügel frei. Sie wußte ja nicht, ob sie ihn würde halten können. So schritt er energisch aus. Die Ohren hatte er in Richtung Waldrand gespitzt, seine Schritte waren schwebend. Ausritte in den Wald waren das Schönste, das Caruso kannte.

Carin genoß es mit jedem Muskel ihres Körpers. Als sie sich umwandte, sah sie Nina und ihre Mutter, die ihr besorgt nachblickte. Doch sie brauchten sich keine Sorgen zu machen. Carin kannte Caruso inzwischen ein wenig.

Am Horizont begann es zu dämmern, und die Luft war rauh. Zwei Rehe sahen von ihrer Mahlzeit am Ackersaum auf. Einen Moment lang starrten sie zu der Ponyreiterin hinüber, fraßen dann aber ruhig weiter. Ihre weißen Spiegel leuchteten klar über dem rotbraunen Acker.

Alles war so golden im Herbst. Warme sanfte Farben ohne die scharfen Kontraste, wie der Frühling sie oft hat. Carin nahm auch wahr, wie still die Vögel waren, abgesehen von der einen oder anderen Krähe, die in den Baumwipfeln raschelte.

Carin trieb Caruso zum Trab an. Das Pony lief mit einem Tempo los, daß es Carin den Atem verschlug. Sie nahm die Zügel kürzer, und Caruso reagierte sofort. Doch es gefiel ihm nicht, daß sie ihn zurückhielt. Er stampfte energisch die Steigung hinauf und wollte galoppieren. Carin hätte auch Lust dazu gehabt, besonders am Hang, aber es war besser, sich an Birgittas Rat zu halten.

Die letzten Sonnenstrahlen schickten dampfende kleine Nebelstreifen durch die Bäume. Das Laub raschelte unter Carusos Hufen auf dem Waldboden. Carin stellte sich leicht in die Bügel, als der Weg wieder anzusteigen begann, um Carusos Rücken zu entlasten. Der Atem des Pferdes stand wie eine kleine Wolke um sein Maul.

Es war wunderbar, so zu reiten! Ob sie das mit Friolina auch einmal erleben würde? Sie sehnte sich danach, mit ihrer kleinen Stute im Gelände zu reiten. Ob Lina daran Spaß haben würde?

Caruso beschleunigte die Gangart. Endlich waren sie wieder zu Hause. Das letzte Stück ließ Carin ihn am langen Zügel gehen.

Nina stand da und wartete auf sie. Sie winkte mit dem gesunden Arm. „Du kannst dir nicht vorstellen, wie ich mich nach einem Ausritt sehne, wenn ich dich so sehe", sagte sie, doch es klang nicht sehr überzeugend.

„Du bist bald wieder auf dem Damm", tröstete Carin

und stieg aus dem Sattel. „Du wirst sehen, die Zeit vergeht so schnell.“ Sie klopfte Carusos Hals.

Ja, es ging alles so schnell, daß Carin kaum noch richtig mitkam. Sie hatte ein eigenes Pferd bekommen. Lena war zu ihnen gezogen, und bald würde wieder Weihnachten sein. Im Frühjahr würde sie vielleicht anfangen können, Lina vorsichtig zu reiten. Es kribbelte ihr im Magen, wenn sie daran dachte.

„Das ist Stefan!“ sagte Carins Mutter und schob jemanden vor sich in den Raum.

Carin blieben fast die Krümel der Käsechips im Hals stecken. Deshalb hatte Mama also am Telefon so geheimnisvoll getan. Sie hatte einen Mann kennengelernt! Carin starrte die beiden an; Kim aber legte unverdrossen weiter sein Puzzle.

Der arme Stefan sah ziemlich unglücklich aus. Er war lang und mager und hatte einen gewaltigen Schnurrbart, der an den Seiten abstand. Carin fühlte plötzlich, wie ein wilder Lachreiz in ihr aufstieg.

„Hallo, Kinder!“ sagte Stefan dümmlich. Er stand immer noch mitten im Zimmer, als ob er festgenietet wäre. Carin begann hysterisch zu kichern. Sofort fing auch Kim an.

Carin lachte, daß ihr die Krümel nur so aus dem Mund flogen. Der schlimmste Moment dauerte ein paar Sekunden, dann lachten die Mutter und Stefan mit. Sie lachten ziemlich lange zusammen. Bald saßen sie alle auf dem Boden, und Kim hielt sich den Bauch vor Lachen. Schließlich rappelte sich Stefan auf und setzte sich auf einen Stuhl. Die Mutter setzte sich neben ihn.

Sie erzählten, daß sie sich schon seit mehreren Monaten kannten und daß Stefan nun gefunden hatte, daß es an der Zeit war, daß er sie kennenlernen sollte.

Neu entdecken!
Abenteuer, Tips und Wissen!
SCHNEIDER BUCH
Viel Spaß beim Lesen.

Ursel Scheffler

Spiel mit dem Feuer Ein Fall für Sarah R., Bd. 3

Billy blinzelt im Halbschlaf. Ist das ein Feuerschein? Tatsächlich! Die Blockhütte, die er mit seinem Bruder Tom und ihren Freunden gebaut hat, brennt lichterloh! Das können nur wieder Brandstifter sein ...

Best.-Nr. 10323
DM 12,80 / ÖS 95,-

Klaus-Peter Wolf

Daniel befreit seine Freunde, Bd. 4

Daniels Piratenfreunde werden von den Schrecken einflößenden Lurchen in der Unterwasserstadt gefangengehalten. Daniel setzt alles in Bewegung, um sie zu befreien ...

Best.-Nr. 10264
DM 9,80 / ÖS 73,-

Ursula Isbel

Ausreißen oder bleiben? Benny, Bd. 2

Michel möchte ausreißen, aber Benny ist da nicht so sicher. Wo sollen sie überhaupt hin? Zu den Indianern, meint Michel. Die müssen nicht lesen und schreiben lernen ...

Best.-Nr. 10304
DM 10,80 / ÖS 80,-

Fred Schmitz

Pokalspiel, Gruppe B

Nie im Leben hätte Rick gedacht, daß ihm Fußball so viel Spaß macht. Wäre sein türkischer Freund Moi nicht gewesen, wäre er nie in den Verein eingetreten. Als Torwart macht Rick gute Fortschritte, und die Mannschaft will aufsteigen ...

Best.-Nr. 10261

DM 12,80 / ÖS 95,-

Ursel Scheffler

Rauchsignale

Kommissar Kugelblitz, Bd. 15

Kommissar Kugelblitz raucht der Kopf. Sechs neue, heiße Fälle hat er zu lösen. Dabei braucht er die Hilfe der Leser. Wer nicht auf die Lösungen kommt, kann die Fälle mit der Wunderfolie lösen.

Best.-Nr. 10328

DM 12,95 / ÖS 96,-

Ursel Scheffler

Codewort Koralle

Kommissar Kugelblitz COMIC

Die spannenden Ratekrimis von Kommissar Kugelblitz gibt's jetzt auch als Comic! Tolle farbige Bilder und coole Texte erzählen den geheimnisvollen Fall „Koralle".

Best.-Nr. 10290

DM 16,80 / ÖS 125,-

Walter und Steven Farley

Blitz, das schwarze Fohlen

Blitz, Bd. 13

Der junge Hengst ist auf der Flucht - tief in der Einsamkeit des wilden arabischen Berglandes. Über sich hört er den wilden Schrei des Jagdfalken. Er ahnt nicht, daß er den Ruf des Falken noch mal hören wird - zusammen mit dem Jungen Alec Ramsay ...

Best.-Nr. 10342

DM 14,80 / ÖS 110,-

Andrea Pabel

Schnitzeljagd mit Hindernissen

Ponyhof Kleines Hufeisen, Bd. 6

Etwas Spannenderes können sich die jungen Reiter des Ponyhofes nicht denken. Doch dann kommt alles anders als geplant ...

Best.-Nr. 10265

DM 10,95 / ÖS 81,-

Tina Caspari

Ein Pony mit Herz

Bille & Zottel, Bd. 19

Zottel findet eine Freundin! Die kleine Shetlandstute Panja ist ebenso verfressen wie er, ebenso neugierig und fast so einfallsreich! Bald stecken die beiden unternehmungslustigen Ponys mitten in spannenden Abenteuern.

Best.-Nr. 10190

DM 9,80 / ÖS 73,-

Veronica Wägner

Wir halten zusammen
Fest im Sattel, Bd. 2

Carin ist mit ihrem Pony für das Hindernisspringen gemeldet. Zusammen mit Nina will sie teilnehmen. Doch dann wird die Freundschaft der beiden jungen Reiterinnen auf eine harte Probe gestellt.

Best.-Nr. 10178

DM 12,80 / ÖS 95,-

Birgit van Damsen

Ich lerne voltigieren

In diesem Buch erfahren junge Pferdefans alles übers Turnen auf dem Pferd. Jede Übung wird ausführlich beschrieben und auf Farbfotos oder Zeichnungen gezeigt.

Best.-Nr. 10268

DM 24,80 / ÖS 184,-

Theo Schwartz

Der rote Hahn
Bibi und Tina, Bd. 14

Was hat denn die Nervensäge Hubert in der Ruine zu suchen? Und was kräht dort wie wild herum? Ist der rote Hahn nur eine Sagengestalt, oder verbirgt sich dahinter ein Geheimnis?

Best.-Nr. 10313

DM 12,95 / ÖS 96,-

Uta Over

Mein erstes eigenes Pferd
Wissen rund um Pferde

Auswahl des richtigen Pferdes, Kauf, Kosten und Alltag mit einem eigenen Pferd - dazu viel Wissenswertes über Impfungen, Wurmkuren, Hufbeschlag, Krankheiten und Versicherungen.

Best.-Nr. 10263

DM 16,95 / ÖS 126,-

Peter Weissflog

Die Entführung
Das Internat am Genfer See, Bd. 5

Carmen wünscht sich sehr, daß ihre geschiedenen Eltern wieder zueinanderfinden. Vielleicht klappt es ja, wenn sie entführt wird?

Best.-Nr. 10278

DM 12,80 / ÖS 95,-

Ursula Bruns/
Marlit Hoffmann

Pferde – meine große Liebe
Ratgeber Pferd, Bd. 3

Ein unentbehrlicher Ratgeber für pferdebegeisterte Mädchen und ihre Eltern.

Best.-Nr. 10148

DM 12,80 / ÖS 95,-

Wer sich für das Reitenlernen interessiert, für den gibt es den Ratgeber „Rund um die Reitstunde".

Best.-Nr. 10288

DM 12,80 / ÖS 95,-

Brigitte Blobel

Eine unglaubliche Entdeckung

Die Unzertrennlichen, Bd. 2

Die Freundinnen Lola und Victor wollen eine tolle Geschichte für die Zeitung schreiben.
Sie sind einem Riesenskandal auf der Spur ...

Best.-Nr. 10316

DM 12,80 / ÖS 95,-

Steve Parker

Verrückte Erfindungen

Wie entstand der verkehrte Dino? Glaubten Wissenschaftler wirklich an Menschen ohne Kopf? Warum verschluckte Lazzaro Spallanzani einen Schwamm und zog ihn an einer Schnur wieder heraus? Das Buch erzählt Lustiges und Unglaubliches aus Forschung und Wissenschaft der letzten 5000 Jahre.

Best.-Nr. 10276

DM 24,80 / ÖS 184,-

Max Kruse

Abenteuer in Venedig

Lisa und Jenny, Bd. 3

Ferien in Venedig! Aber bald herrscht helle Aufregung: Ein wertvolles Bild wurde gestohlen ...

Best.-Nr. 10275

DM 10,95 / ÖS 81,-

Er berichtete, daß er Tontechniker bei *Sveriges Radio* sei.

Das, fand Kim, klang wahnsinnig spannend, und er wollte sofort wissen, ob er einmal mit dorthin kommen könnte.

Stefan nickte und lächelte, daß der Schnurrbart wippte.

Carin sah die Mutter an. Sie sah so glücklich aus, wie schon seit langem nicht mehr. Stefan war wirklich anders. Tatsächlich war er Papa gar nicht ähnlich. Wie konnte Mama zwei so unterschiedliche Männer mögen? Zu ihrer eigenen Verwunderung bemerkte Carin, daß sie nicht die gleiche Ablehnung und Eifersucht gegenüber Stefan empfand, wie sie sie anfangs gegenüber Lena gehabt hatte. Im Gegenteil, sie fand es gut, daß ihre Mutter einen Freund gefunden hatte. Dann brauchte sie auch nicht mehr so oft ein schlechtes Gewissen zu haben, weil die Mutter ganz allein in der Stadt war.

Carin aß ihre Käsechips weiter. Stefan fragte die Kinder eine Menge Sachen. Carin erzählte bereitwillig von der Schule und von ihrem Pony Friolina. Schon bald hockten sie wieder alle zusammen auf den Knien und halfen Kim, sein Puzzle zusammenzusetzen. Stefan lachte viel und warf der Mutter zärtliche Blicke zu. Carin mochte ihn mehr und mehr, je weiter die Stunden vergingen. Ja, die Wohnung wirkte viel lebendiger jetzt, da Stefan gekommen war.

Kim dagegen fing an, sich sonderbar zu benehmen. Er klammerte sich plötzlich besonders häufig an seine Mutter. Den ganzen Abend über wollte er dicht bei ihr sitzen.

Am Abend spielten sie *Der verschwundene Diamant*, und Kim gewann zweimal. Die Mutter backte herrliche Scones und brühte in der großen Kanne Tee auf. Die hatte sie nicht mehr benutzt, seit sie von der Familie fortgezogen war. Es war eine verzauberte Kanne. Wieviel man auch

5 10126-9

trank, immer war noch etwas Tee darin.

Zufrieden schlief Carin an diesem Abend ein. Jetzt erst begriff sie, wie sehr sie selbst darunter gelitten hatte, daß die Mutter „die Verlassene“ gewesen war. Sie fühlte, daß alles leichter werden würde, nun, wo Stefan aufgetaucht war.

Schon bald fiel Dunkelheit über die Tage. Wollte Carin nach der Schule Caruso reiten, mußte sie das in der Bahn bei Scheinwerferlicht tun. Doch sie fand es nicht mehr so lustig, Caruso zu reiten. Nina war in der letzten Zeit so komisch geworden. Wegen jeder Kleinigkeit war sie verletzt oder gereizt. Neulich erst hatte sie Carin ohne sichtbaren Grund angefahren.

Natürlich verstand Carin, daß es nervig sein mußte, mit eingegipstem Arm herumzulaufen. Doch sie fragte sich, ob es nur das war. Immer wieder versuchte sie, Nina für etwas zu begeistern. Doch Nina schien inzwischen an gar nichts mehr Spaß zu haben.

„Möchtest du heute nicht mit zum Chor gehen?" fragte Carin, als sie in der Mittagspause nach draußen gingen. „Singen ist wirklich ganz toll!"

„Ich habe keine Lust, bei diesem blöden Chor mitzumachen!" schnauzte Nina und knöpfte sich mit einer Hand die Jacke zu. „Dann müßte ich ja in die Kirche gehen. Ich kann nicht verstehen, daß du da mitmachst!"

Carin antwortete nicht gleich. Sie fragte sich, wo ihre fröhliche, lustige Freundin Nina geblieben war. „Was ist eigentlich mit dir los?" fragte sie endlich vorsichtig.

„Mit mir? Mit mir ist alles in Ordnung", zischte Nina,

doch Carin sah ihr an, daß etwas mit ihr nicht stimmte.

„Kann ich heute mit dir nach Hause kommen!“ fragte Carin, ohne auf Ninas Ton zu reagieren.

„Du hast Caruso doch gestern erst geritten! Du kannst nicht jeden Tag angerannt kommen!“

Obwohl Carin gekränkt war, zeigte sie es nicht.

„Ich dachte eigentlich nicht daran zu reiten. Ich wollte nur kommen und ein bißchen mit dir reden. Aber wenn du nicht willst, dann vergessen wir das.“

Nina senkte den Kopf, so daß Carin ihr Gesicht nicht sehen konnte. Sie kickte gegen einen Tannenzapfen, der in hohem Bogen davonflog.

Eine ihrer Freundinnen kam vorbei und wollte wissen, ob sie bei „Wer hat Angst vorm schwarzen Mann“ mitmachen wollten. Doch Nina schüttelte stumm den Kopf. Carin wäre gern dabeigewesen, doch sie wollte Nina nicht allein lassen.

„Klar möchte ich“, sagte Nina plötzlich, als die Klassenkameradin verschwunden war. „Daß du zu mir kommst, meine ich.“ Den Rest der Mittagspause standen sie bei einem Baum und sahen den anderen zu.

Ninas Zimmer war klein, aber gemütlich. An den Wänden hingen dichtgedrängt Siegesschleifen und Bilder von Pferden und anderen Tieren. Carin saß auf dem Boden und schaute sich ein Fotoalbum an, das Nina zum Geburtstag bekommen hatte. Musik von einer Kassette erfüllte den Raum. Nina las in der letzten Nummer von *Kamratposten*.

„Stell dir vor, wie toll das wird, wenn wir im Sommer zusammen ausreiten können“, Carin warf ihr langes Haar über die Schultern.

„Es ist noch gar nicht raus, ob wir das können“, sagte Nina.

Jetzt klang sie schon wieder so komisch.

„Ja, aber, ich kann doch mit Lina herkommen und mit dir reiten, und du kannst zu mir kommen und mit Caruso bei uns übernachten“, schlug Carin vor. „Vielleicht können wir eine größere Tour machen, bis ...“

„Jetzt hör endlich auf damit!“

Nina fuhr vom Fußboden auf und warf sich aufs Bett, mit dem Gipsarm obenauf. Zuerst saß Carin ganz still da. Da stimmte doch etwas nicht! Vielleicht sollte sie Birgitta rufen? Nein, sie entschloß sich, selbst herauszufinden, was es sein konnte. War Nina eifersüchtig auf sie, weil sie Caruso ritt? Daran glaubte Carin nicht. Das sähe Nina nicht ähnlich.

Sie stand langsam auf und ging zum Bett hinüber.

Nina winkte abwehrend mit der Hand, als sie näher kam.

Da ließ Carin sich neben dem Bett auf den Boden rutschen. Es fühlte sich komisch an in der Brust. Sie wußte nicht, wie sie anfangen sollte. „Kannst du mir nicht sagen, was los ist?“ fragte sie schließlich. „Ich bin doch immerhin deine beste Freundin, oder?“

„Du kannst es trotzdem nicht verstehen!“ Nina schluchzte ins Kissen. „Keiner, keiner kann das begreifen!“

„Liebe Nina“, bat Carin und lehnte das Gesicht an die Bettkante. „Mama sagt immer, daß man sich besser fühlt, wenn man über die Dinge spricht, die einen bedrücken.“

Langes Schweigen. Carin bemerkte irgendwann, daß die Kassette zu Ende war. Nina schniefte, im Kissen vergraben. Doch dann richtete sie sich auf dem Ellenbogen auf. „Ich habe Angst!“ Fast schrie sie. „Verstehst du? Ich habe Angst! Todesangst!“ Sie schluchzte von neuem in das Kissen.

Carin saß ganz still da. Wovor konnte Nina denn Angst haben? Wo sie doch so eine wunderbare Familie hatte! So liebe Eltern, die immer für sie da waren. Doch nun galt es, vorsichtig zu sein, damit Nina nicht wieder verstummte.

„Wovor hast du denn Angst?“ fragte Carin, so leise sie konnte.

„Vorm Reiten, du Trottel! Verstehst du das nicht? Ich habe schon Todesangst beim bloßen Gedanken daran. Sobald ich die Augen schließe, erlebe ich wieder diesen furchtbaren Sturz. Mama und Papa sagen immer nur 'Bald bist du wieder gesund. Wir haben dich für dieses und jenes Turnier angemeldet.‘ Sie begreifen nicht, da ich nie wieder reiten werde!“ Nina schluchzte. Plötzlich setzte sie sich mit feuerroten Wangen im Bett auf. „Du weißt selbst, wie nervös Caruso ist! Jetzt hältst du ihn für mich in Spitzenform. Er wird sehr anstrengend für mich sein, wenn ich in zwei Monaten wieder anfangen könnte zu reiten. Das Schlimmste ist ...“ Ihre Unterlippe zitterte und wieder liefen die Tränen.

„Das Schlimmste ist?“

„Das Schlimmste ist, daß ich mit ihnen nicht darüber reden kann ...“

Carin schluchzte. Was für ein Idiot sie doch gewesen war! Es war doch eigentlich kein Wunder, daß Nina bei diesem schrecklichen Sturz einen Schock erlitten hatte. Nur komisch, daß von den Erwachsenen das niemand zu bemerken schien. Es war schon schlimm gewesen, bei dem Unfall nur zuzusehen. „Glaubst du nicht, daß sie dich verstehen werden?“ kreischte sie nach einer Weile. „Sie sind doch so verständnisvoll.“

„Sie würden mich niemals verstehen! Turniere sind so wichtig für sie. Du ahnst nicht, welche Erwartungen sie an mich stellen. Vielleicht werde ich für die A-Klasse der

Schwedischen Pony-Meisterschaften im Frühjahr aufgestellt. Mama setzt alles darauf. Es fiele ihr gar nicht ein, daß ich etwa nicht reiten könnte ..." Wieder begann sie zu schniefen.

„Aber", sagte Carin, „du bist es doch, die reitet. Auch wenn sie 'alles daraufsetzen', du mußte es doch wollen."

„Ach, Carin, du glaubst ja nicht, wie schlimm das ist. Und du redest die ganze Zeit vom Reiten und von Friolina."

„Ich wußte ja nicht ...", stotterte Carin.

„Nein, niemand versteht mich. Ich muß dauernd daran denken. Abends kann ich kaum einschlafen. Das hat nichts mit Caruso zu tun. Ich hab ihn sehr lieb ..."

Carin lehnte sich an die Wand und überlegte. Die beste Lösung wäre natürlich, mit Ninas Eltern zu reden. Aber wenn Nina sich das nicht vorstellen konnte ... Es mußte einen anderen Ausweg geben.

„Du", sagte Carin. Sie wartete, bis Nina wieder aus dem Kissen auftauchte.

„Ich hab eine Idee! Papas Tore, du weißt schon. Er ist das liebste Pferd der Welt. Und ganz ruhig. Der hat einfach die Ruhe weg. Nichts auf der Welt kann ihn dazu bringen, ohne ersichtlichen Grund zu laufen."

Nun lächelte Nina sogar ein wenig.

„Können wir es nicht so machen, daß du dann und wann zu mir rüber kommst? Dann probieren wir für den Anfang, daß du einfach ein bißchen auf Tore sitzt. Wenn du möchtest, dann kann ich ihn ein bißchen rumführen. Ich verspreche dir, daß er nicht losstürmt oder irgendwelche Tricks auf Lager hat. Er hat tatsächlich eine Cousine von mir von der Angst vor Pferden geheilt. Und wenn du meinst, daß es gutgeht, daß du wieder sicherer wirst, dann können wir etwas längere Touren machen. Aber beim ersten Mal könntest du einfach ein Weilchen auf seinem Rücken sitzen."

„Mit dem Gips?" Ninas Stimme klang nachdenklich, doch sie hatte aufgehört zu schluchzen.

„Mit dem Gips, klar", sagte Carin. „Vielleicht ist es verrückt, aber irgend etwas müssen wir tun. So wie es jetzt ist, kannst du es nicht länger mit dir herumschleppen. Du mußt diesen Sturz überwinden. Denk auch an Caruso!"

„Versprichst du mir, daß du es nicht meiner Mutter erzählst?"

„Ich erzähl es niemandem, mein Ehrenwort! Das wird unser Geheimnis sein. Papa kommt immer ziemlich spät nach Hause, und Lena arbeitet ja auch. Da ist keiner, der uns stört. Und wenn es nichts hilft, dann müssen wir eben besprechen, was wir dann tun können. Aber ich glaube, daß es gutgehen wird. Ich verlasse mich auf Tore!"

Nina sah schon etwas fröhlicher aus. Ja, sie sprang sogar mit einem Satz aus dem Bett und drehte die Kassette um. „Weißt du was, Carin", sagte sie und trocknete ihre rotgeweinten Wangen, „du bist die beste Freundin der Welt!"

Das Herdfeuer knisterte behaglich. Die Katze Bussi lag zusammengerollt unter dem Holzfeuerofen und schnurrte, die Wärme genießend.

Carin saß am Küchentisch und machte ihre Matheaufgaben; Lena versuchte ihr Bestes, einen Küchenschrank sauberzumachen. Backformen und Töpfe purzelten über den Boden. Puck hatte sich verzogen und unter das Sofa in der Kammer gelegt. Der Hund verabscheute jede Art des Putzens.

„Uff! Hier waren aber Mäuse am Werk!" sagte Lena und holte ein Stück zernagtes Papier heraus. „Jetzt muß ich auch noch alles durchspülen!" Sie seufzte hörbar.

„Ich kann dir helfen", schlug Carin vor.

„Ach, es ist halb so wild. Aber du kannst mir gern helfen, hinterher die Backformen abzutrocknen", sagte Lena und lächelte sie an. „Du hast wohl eine Menge Hausaufgaben?"

„Ich bin fast fertig!" Carin biß auf den Stift und beeilte sich, die letzten Aufgaben zu erledigen. Dann schlug sie das Buch zu und steckte den Stift in den Griffelkasten, den sie zu Weihnachten bekommen hatte. „Mama hat einen neuen Mann kennengelernt!" sagte sie plötzlich. Sie blinzelte zu Lena hinüber. Vielleicht mochte sie das nicht, wenn Carin darüber sprach.

Doch Lena sah genauso aus wie immer. „Hat sie das? Wie schön für sie." Lena vermutete, daß es Carin schwerfallen würde, mit Lars darüber zu reden.

„Ja, und für mich auch", sagte Carin.

„Macht er einen netten Eindruck?"

„Ja, aber das Beste daran ist, daß Mama so glücklich ist. Sie schwebte fast über dem Boden. Obwohl Kim ziemlich anstrengend war. Er hat sich an Mama geklammert, wie er das vorher nie getan hat. Es war, als ob er sich zwischen Mama und Stefan drängen wollte."

„Vielleicht war es auch genau das, was er wollte", sagte Lena. „Ich finde, daß er in letzter Zeit etwas sonderbar gewirkt hat."

„Gestern hat er mir gesagt, daß er am Freitag wieder zu Mama fahren will. Aber ich finde, das ist zu oft."

„Kann er dann nicht allein fahren?"

„Ich weiß nicht", antwortete Carin aufrichtig.

Lena begann, die Backformen zum Spülbecken zu bringen. „Erzähl nur weiter", sagte sie und legte die Formen scheppernd in das Becken. „Ich höre dir trotzdem zu!"

„Es ist mit Mama vorher sehr anstrengend gewesen", erzählte Carin und faßte ihre Haare zu einem Pferdeschwanz zusammen.

„Wie meinst du das?"

„Na, es kam mir vor, als ob wir sie verlassen hätten, obwohl es ja eigentlich genau umgekehrt gewesen ist. Ich meine, sie war es schließlich, die von uns weggezogen ist. Sie hat da in der Stadt gehockt und sich einsam gefühlt. Sie hat sich nach uns gesehnt. Obwohl sie auch dafür war, daß wir weiter bei Papa wohnen sollten, wegen der Tiere und so. Und trotzdem war es irgendwie nicht richtig."

„Es ist immer schrecklich, wenn man sich trennt", sagte

Lena. Das heiße Spülwasser dampfte um ihre Arme.

„Ich hab wegen Mama ständig einen Stein irgendwo hier drinnen in der Brust gespürt“, fuhr Carin fort. „Sie ist fast nie glücklich gewesen, wenn wir bei ihr waren. Ich hatte das Gefühl, daß ich nicht erzählen dürfte, wie gut ich es hier daheim habe, oder irgend etwas anderes von zu Hause. Daß Papa dich kennengelernt hat, zum Beispiel ...“

„Und nun?“

„Jetzt lacht sie viel, und ihre Augen leuchten, sie ist glücklich, obwohl Kim schwierig ist und ihr vielleicht Sorgen macht!“

„Das ist schön für euch“, Lena strich Carin über das hellblonde Haar. „Ihr hattet es wirklich nicht leicht. Es sind immer die Kinder, die in die Klemme geraten, wenn wir Erwachsenen Probleme haben.“

„Genau das! Warum fällt es den Erwachsenen immer so schwer, Freunde zu sein?“

„Da haben wir es eigentlich nicht schwerer als Kinder. Aber wenn man miteinander nicht auskommt, dann hat es einfach keinen Sinn. Wenn sich die Eltern oft streiten, leiden die Kinder darunter. Ich habe selbst auch mit einem anderen Mann zusammengelebt, ehe ich Lars traf. Nach einigen Jahren hatten wir uns völlig unterschiedlich entwickelt. Wir stritten uns nur noch, und schließlich haben wir dann beschlossen, daß jeder seinen Weg gehen sollte.“

Carin sah Lena an. Davon hatte sie vorher noch nicht erzählt. Sie hatte sich also auch schon von jemandem getrennt. Vielleicht war es gar nicht sicher, daß Papa und sie sich auf die Dauer verstehen würden. Nie konnte man richtig sicher sein.

„Was ist los, Carin?“ Lena gab ihr einen kameradschaftlichen Stoß.

„Papa und du“, Carin schluckte, „versteht ihr euch?“

„Findest du nicht, daß man das merkt?" Lena lachte, wurde aber gleich wieder ernst. „Man kann nie sicher sein. So ist das im Leben. Aber jetzt scheint es so, als würde es noch lange so bleiben, Carin!"

Im Januar bekam Nina einen neuen Gips. Es war ein komplizierter Armbruch, hatte der Arzt erklärt. Es schein beinahe so, als sei Nina erleichtert. Nun blieb Carin und ihr noch Zeit, ihren Plan auszuprobieren. Zweimal hatte Nina bereits in der Stallgasse auf Tores Rücken gesessen, und beide Male hatte sie vor Angst gezittert. Doch Tore hatte ganz richtig dagestanden und langsam geatmet. Ja, er hatte in der Stallgasse beinahe geschlafen!

Die Weihnachtsferien waren zu Ende, und für heute hatten sie verabredet, daß Nina mit zu Carin kommen sollte. Draußen war es immer noch hell, als sie ankamen.

Zuerst sahen sie nach den Hühnern. Sie wechselten das Wasser und gaben ihnen frisches Futter. Dann holte Carin die Pferde von der Weide herein. Friolina wurde nervös, wenn sie allein draußen gelassen wurde. Carin wollte nicht riskieren, daß die Stute über den Zaun sprang.

Nina holte Heu für die Pferde, Tore wieherte hungrig. „Gebt mir jetzt etwas, sofort", schien er zu sagen, während er mit dem Huf gegen die Krippenkante schlug.

„Er kriegt kein Kraftfutter, er wird zu dick", sagte Carin. „Lina soll ein bißchen mehr kriegen!"

Nach dem Füttern holte sie Tores Sattel, und die Mädchen gingen in Tores Box und bürsteten ihn. Im Stall duftete es süßlich und gut. Beide Mädchen genossen es, das Pferd zu putzen. Tore mochte es im übrigen auch. Er ließ entspannt die Unterlippe hängen und genoß die Bürstenstriche.

„Wie gut Pferde riechen!" sagte Nina. „Wenn man sie

mit Kühen vergleicht, meine ich. Wenn ich nur nicht wieder reiten müßte ...“

Carin sah Nina nachdenklich an. „Wollen wir mit Tore heute eine Runde machen?“

„Weiß nicht“, Nina sah Tore unschlüssig an. „Er könnte mit mir durchgehen!“

„Quatsch!“ sagte Carin. „Du weißt, wie ruhig er ist! „Er ist ein nordschwedisches Kaltblut“, Carin klopfte Tores Brust. „Ich finde, du könntest heute probieren, ein wenig mit ihm im Schritt zu gehen. Bisher ist es doch gut gelaufen!“

„Wir werden sehen“, sagte Nina mit leiser Stimme.

Carin fühlte sich durch Ninas Zögern leicht irritiert. Doch sie hütete sich, das zu zeigen. Schließlich gelang es ihr, Nina zu überreden, draußen vor dem Stall aufzusitzen.

Und im Sattel sah Nina ganz zufrieden aus. „Er ist wirklich ein mächtiges Pferd!“ Sie tätschelte Tore den Hals, und der Braune drehte den Kopf und sah sie an.

Carin schlug vor: „Sollen wir jetzt ein bißchen gehen? Papa kommt bald nach Hause.“

Nina biß die Zähne zusammen und nickte.

Carin faßte Tore bei den Zügeln und ging zum Auslauf hinüber. Sie sah sich nicht um, sie wußte, daß Nina jetzt nicht beobachtet werden wollte.

Nina verkrampfte sich, als sich das Pferd unter ihr in Bewegung setzte. Die Bilder der Erinnerung an den Sturz liefen wie ein Film in ihrem Kopf ab. Tore stolperte leicht, und Nina schrie auf.

„Carin! Ich schaff das nicht. Ich kann nicht wieder reiten!“

„Aber du reitest doch schon“, sagte Carin ruhig. „Ich finde, das klappt prima! Tore ist doch nur ganz leicht gestolpert. Jetzt gehen wir eine Runde im Paddock, dann machen wir Schluß."

Tore ging in die Umzäunung. Nina machte einige vorsichtige Balanceübungen. Der Boden unter ihr drehte sich nicht mehr im Kreis. Sie wagte sogar, zur Seite zu schauen. Dieses ruhige Schreiten des Kaltblüters hatte wirklich nichts mit ihrem nervösen Caruso zu tun.

„Das ist doch wirklich verrückt!" Nina begann plötzlich zu kichern. „Stell dir vor, jemand aus der Mannschaft würde mich jetzt sehen!"

„Ja, die würden sich bestimmt wundern. Wie kommt es dir jetzt vor?"

„Viel leichter. Dieses Schwindelgefühl gibt sich so langsam. Vielleicht kann ich mich wieder daran gewöhnen."

„Natürlich kannst du!" Carin lächelte sie an.

„Du, da ist Ende Januar ein kleineres Springen. Mama dachte daran, dich zu fragen, ob du ..." Nina verstummte.

„Papa würde es mir nicht erlauben", sagte Carin sofort. „Er haßt Turniere."

„Ich weiß. Aber die Mannschaft hat keine Reservereiter, auf die sie zurückgreifen kann."

„Wir gehen jetzt zurück", sagte Carin schnell. „Laß uns später darüber reden. Morgen komme ich und reite Caruso."

„Nein!" sagte der Vater und pfefferte das Telefonbuch, das er in den Händen hielt, auf den Tisch, daß es krachte.

„Aber es ist doch nur *ein* Turnier", gab Carin zu bedenken. „Und ein kleines, ohne große Ansprüche!"

„Schau dir an, was mit Nina passiert ist!" Lars schlug mit einer Hand in die Luft.

„Deswegen muß so etwas nicht bei jedem Springen passieren! Papa, ich hab Caruso jetzt zwei Monate geritten. Er vertraut mir. Es wäre einfach toll, einmal mitzumachen!"

„Ich hätte dir niemals erlaubt, dieses nervöse Pony zu reiten, wenn ich gewußt hätte, daß du auch auf Turniere gehen willst!"

„Aber davon war anfangs auch gar nicht die Rede! Alle haben geglaubt, daß Nina bald wieder reiten könnte!"

„Wer weiß, ob es bei dem einen Mal bleiben soll!" Nun war Lars richtig wütend, die Falte zwischen seinen Augenbrauen wurde noch tiefer.

„Aber, Papa! Nina wird diesen Gips nicht ihr Leben lang tragen. Sie wird Caruso selbst wieder reiten. Er ist so ein wunderbares Pferd! Er darf nicht nur rumstehen!" Carin fühlte, daß sie nahe daran war zu weinen. Wie starrköpfig und unnachgiebig der Vater sein konnte. Es gab Dinge, die er einfach nicht verstand! „Außerdem habe ich jetzt ein eigenes Pferd!“ fügte sie hinzu, wobei ihr fast die Stimme versagte.

„Warum reitest du dann das anderer Leute?“

Lars merkte, daß das letzte, was er gesagt hatte, wohl dumm war. Doch er hatte sich nicht mehr zurückhalten können, bis es zu spät war.

„Aber, Lars!“ sagte Lena. Sie hatte am Küchentisch gesessen und ihnen ruhig zugehört. „Entschuldige, daß ich mich in etwas einmische, das vielleicht nur euch etwas angeht. Aber warum sollte Carin nicht dieses eine Mal dabeisein dürfen? Friolina kann sie ja tatsächlich noch nicht reiten!“

Carin sandte einen dankbaren Blick in Lenas Richtung.

„Ihr haltet immer zusammen, ihr beiden!“ Lars stand auf und fing an, hin und her zu gehen.

„Schließlich kann auf dem Schulweg auch etwas passieren“, sagte Lena. „Laß sie es ausprobieren. Es ist sicher eine gute Erfahrung. Als Mannschaft am Springen teilzunehmen ist eine andere Sache, als ganz alleine zu starten. Carin teilt die Verantwortung doch mit den anderen.“

Der Vater hörte auf herumzulaufen; er blieb an der Tür zur Vorratskammer stehen und trommelte mit den Fingern auf das Türblatt. Er sah müde aus. Lena begriff, daß es eine schwierige Entscheidung war. Gäbe er jetzt nach, würde es schwer für ihn werden, Carin in Zukunft Turniere zu verbieten. Vielleicht war es dumm gewesen, daß Lena sich einmischte. Doch sie verstand, wie wichtig dieses kleine Springen für Carin war.

Einen Moment lang war es vollkommen still. Nur das schwache Knistern aus dem Bauch des Holzfeuerofens war zu hören.

„Wir wollen es also riskieren. Aber ...“ Lars unterbrach

Carins Jubelrufe. „Ich möchte zuerst mit Ninas Eltern reden und ein bißchen mehr über dieses Turnier erfahren.“

„Sie antworten dir sicher auf alles, was du wissen willst. Jennys Mutter ist Mannschaftsleiterin, sie weiß also das meiste. Ich verspreche, daß ich vorsichtig bin, Papa! Ich brauche nicht wie der Teufel zu reiten!“

Unwillkürlich mußte Lars lächeln. Carin hängte sich an seinen Arm, und er strich ihr über das Haar. Es war schön, sich wieder zu vertragen. Es war so eine schreckliche Atmosphäre, wenn sie und ihr Vater sich stritten. Carin verschwand in den Stall zu Friolina.

Lena stand vom Küchentisch auf und ging zu Lars hinüber.

„Mir gefällt das nicht“, sagte er und schüttelte den Kopf. „Ich finde, sie ist noch zu jung, um sich so einem Druck auszusetzen. Ich habe schon so viele harte und anstrengende Turniere gesehen. Auch bei den Junioren!“

„Sie wird doch schon zwölf im Herbst, Lars. Und sie reitet, seit sie fünf oder sechs Jahre alt ist, wenn ich dich richtig verstanden habe. Turniere können auch positive Wirkung haben. Kameradschaft, Zusammenhalt, Vertrauen und auch Rücksicht auf dein Pferd! Wissen, was man vom ihm verlangen kann ...“

„Das klingt wie aus einem Reklameblättchen von der Reitförderung“, Lars lächelte. „Aber gut, ich muß mich wohl daran gewöhnen, daß Carin älter wird und etwas Neues ausprobieren will.“

„Und außerdem hast du ihr ja selbst ein Pferd gekauft!“

„Ich weiß. Aber ich hatte gehofft, daß sie sich damit zufriedengeben würde, mit Lina ein bißchen im Wald zu reiten!“

„Du bist wirklich dumm!“ Lena umarmte ihn lachend.

6 10126-9

In der letzten Woche vor dem Springen ritt Carin Caruso jeden Tag im Training. Nina war meistens dabei und sah zu. Am häufigsten trainierten sie den Absprung vor dem großen Hindernis.

Carin fand es anstrengend und sehr aufregend. Einige Male war auch Ninas Reitlehrer da, doch meistens trainierte ihre Mutter Birgitta mit Carin.

„Es ist wichtig, daß du immer das nächste Hindernis ins Auge faßt, sobald du aufgekommen bist! Sieh dich niemals um, um zu sehen, ob eine Stange gefallen ist. Gib Tempo beim Angaloppieren, nimm Caruso vor dem Sprung zurück und laß ihn dann machen! Er ist ein erfahrenes Springpony. Es ist besser, du hast Zeitfehler am Schluß, als daß ihr stürzt!"

Carin nickte. Sie trainierte weiter mit Caruso, der sehr springfreudig war. Er wollte losstürmen, doch Carin konnte ihn halten und blieb fest im Sattel.

Nach jeder Trainingsstunde machte sie eine kleine Runde mit Caruso durch den Wald, damit er sich vom Arbeiten erholen konnte. Sie übten nicht nur Sprünge vor den verschiedenen Hindernissen, sondern auch Dressur, damit Caruso locker und geschmeidig blieb. Dressur mochte Carin sehr.

Lena war so oft wie möglich dabei. Sie lobte Carin für ihre Fortschritte. „Das klappt doch wirklich gut", sagte sie am Tag nach dem ersten Training zu der Freundin.

„Ziemlich gut, ja", sagte Carin zufrieden. „Caruso macht wunderbar mit. Ich hoffe nur, daß ich keinen Fehler mache, wenn es soweit ist."

Carin massierte ihre schmerzenden Wadenmuskeln. „Schade nur, daß Papa nicht kommen will. Es wäre so viel schöner, wenn er dabei wäre!"

„Wart nur ab", Lena lachte. „Wir werden ihn überreden!"

Doch Carin glaubte es nicht. Sie kannte ihren Vater und seinen Dickkopf.

Am Freitag abend kamen sie nach dem Springtraining heim in ein Haus voller Aufruhr. Kim saß am Küchentisch und weinte. Die Schultasche war auf den Boden geworfen, Hefte und Bücher waren herausgerutscht. Carin starrte ihren kleinen Bruder an.

Lena bückte sich, um die Bücher und die Tasche aufzuheben. Fragend sah sie Lars an, der am Ofen stand. Er war blaß. „Kim will zu seiner Mutter ziehen!" sagte er mit müder Stimme.

Carin war so verdutzt, daß sie die Reitgerte fallenließ, die sie in der Hand gehalten hatte. Kim wollte fortziehen? Warum hatte er ihr nichts gesagt? Sollte sie allein bei Papa bleiben? Allerdings war Kim in letzter Zeit wirklich eigenartig gewesen. Er war unglücklich, klar.

Lena, die überhaupt nicht erstaunt wirkte, ließ sich auf einen der Küchenstühle nieder. „Was sagt Gunilla dazu?"

„Kim sagt, daß sie noch gar nichts davon weiß. Aber es ist klar, daß wir darüber sprechen müssen. Ich finde nur, daß es falsch ist, daß er jetzt hier weg will, wo die Schule gerade für ihn angefangen hat. Er hat doch alle seine Freunde hier."

„Ich will bei Mama sein!" schluchzte Kim verzweifelt.

„Wirst du denn deine Klassenkameraden nicht vermissen?" fragte Lena.

Kim schüttelte den Kopf. „Die sind sowieso alle doof!"

„Das kommt mir aber ein bißchen komisch vor. Ich dachte, du hättest gesagt, daß du deine Freunde aus der Klasse magst."

„Ich kann doch auch andere finden. Und außerdem kann ich sie hier am Wochenende treffen. In der Stadt kann man viel mehr machen." Er begann wieder zu weinen.

„Ich finde das ganz schön traurig, wenn du wegziehst", sagte Carin leise.

„Das finde ich auch", sagte der Vater. „Aber wir müssen Kims Entschluß wohl akzeptieren. Ich möchte ihn nicht zwingen, gegen seinen Willen hier bei uns zu wohnen. Kim", fuhr er zu seinem Sohn gewandt fort, „ich werde Mama heute abend anrufen. Dann werden wir hören, was sie dazu sagt. Es muß ja schließlich zu machen sein."

„Wir rufen jetzt an!" schluchzte Kim. „Jetzt, Papa, jetzt sofort!"

Carin sank auf einen Stuhl und starrte vor sich hin. Kim wollte fort! Er, der immer hatte da sein wollen, wo sie war! Sie würde allein hierbleiben.

Schon jetzt wußte sie, wie still es werden würde, wenn Kim fort war. Ja, es gab keinen Zweifel daran, daß sie ihn vermissen würde. Er gehörte doch hierher, zu ihr. Und zu Papa.

Am Tag des Springens war Carin bereits um sechs Uhr morgens an Ort und Stelle bei Caruso im Stall. Lena hatte sie hingefahren und versprochen zu kommen und zuzusehen. Daß der Vater nicht kommen würde, setzte Carin voraus. Es war auch gut so, daß er das nicht tun würde, dachte sie. Denn dann würde er bestimmt herumgehen und allen erzählen, wie dumm diese Turniere doch sind.

Caruso fraß mahlend seinen Morgenhafer, als Carin anfing, ihn zu bürsten. Irritiert schlug er mit dem Kopf, und Carin verstand.

„Du hast recht", sagte sie und strich ihm über den Hals. „Ich sollte wirklich warten, bis du gefressen hast!" Langsam ging sie zu der schwarzen Stallkatze hinüber. Mit aufgestelltem Schwanz kam die Katze ihr entgegen. Carin streichelte das glänzende Fell und spürte, daß sie einen Kloß im Hals hatte. Doch es war nicht wegen des Wettbewerbs. Nein, es war, weil Kim ausziehen würde. Gestern war es beschlossen worden. Sobald er einen Platz im Hort bekäme, würde er zur Mutter ziehen. Carin vermutete, daß es etwas mit Stefan zu tun hatte.

So lange die Mutter dort in der Wohnung nur für Kim und sie dagewesen war, war es gut gewesen. Doch nun hatte Kim mit Stefan so etwas wie einen Konkurrenten bekommen. Tatsächlich empfand es Carin auch ein bißchen so. Die Mutter gehörte plötzlich nicht nur mehr ihnen allein.

Nachdem Carin Caruso sorgfältig geputzt hatte, kam Nina in den Stall. Ihre Mütze war voll von Schneekristallen. „He, wie früh du dran bist! Hast du etwa hier übernachtet?"

„Nein!" Carin lachte. „Aber ich mag es, rechtzeitig fertig zu sein. Schneit es jetzt etwa?"

„Das kann man wohl sagen. Es weht nur so herunter. Es wird kein Spaß werden, bei dem Wetter mit dem Transporter zu fahren."

Das waren sicher Birgittas Worte gewesen, dachte Carin. Sie spürte, wie es begann, in ihrem Magen zu kneifen.

„Kommt deine Schwester mit? Ich habe ihr Pferd auch gefüttert!"

„Ja, sie macht in der L-Klasse mit. Bist du nervös?"

„Nein, nicht besonders", sagte Carin ehrlich. „Ein bißchen merke ich's natürlich. Es ist ja schließlich ein richtiges Springen!"

„Komm jetzt, wir gehen rein. Caruso ist fertig vorbereitet. Mama hat heißen Kakao gekocht."

Sie gingen hinaus in den weißen weichen Schnee und konnten es nicht lassen, sich gegenseitig ein bißchen mit Schneebällen zu bewerfen.

„Jetzt laß es ruhig angehen!" mahnte Ninas Mutter Birgitta beim Warmreiten. „Und was du auch tust, laß ihn nicht losstürmen!"

Carin nickte. Sie hatte einen trockenen Mund und verkrampfte Schultern. Ob die anderen Reiter auch so aufgeregt waren?

Caruso bewegte sich unruhig unter ihr. Er kaute auf dem Gebiß und tänzelte um den Zügel, den Birgitta festhielt. Klar, dachte Carin, er spürt meine Unruhe. Ich muß mich zusammennehmen. „Es wird bestimmt alles gutgehen", sagte sie mit einer Ruhe, die sie nicht wirklich empfand. Wenn sie sich jetzt nur an alle Hindernisse erinnern konnte!

Die anderen Reiter der Mannschaft nickten ihr aufmunternd zu, als sie Caruso ritt. In Gedanken ging sie die Bahn mehrmals durch. Sie hoffe, daß sie kein Hindernis vergessen hatte. Die größte Angst hatte sie vor der Mauer. Sie sah so drohend und hoch aus.

Ich kann nur mein Bestes geben, dachte sie und trieb Caruso an. Sie ritten in die Bahn, und die Jubelrufe der Clubmitglieder dröhnten von der Tribüne. Sie schienen Carin und Caruso zu mögen! Das Startsignal ertönte, es wurde mucksmäuschenstill. Irgendwo dort im Publikum saß Lena und drückte ihr die Daumen. Das war ein gutes Gefühl.

Carin hatte alle Mühe, Caruso zurückzuhalten, als sie die Startflagge passiert hatten. Er machte Dampf und wollte sich in rasender Fahrt davonmachen. Mit Schenkeln und Zügeln brachte sie ihn dazu, sich einigermaßen versammelt dem ersten Hindernis zu nähern.

Hui! Was für ein Gefühl das war, als sie hinüberflogen! Doch schon hieß es, nach dem nächsten Hindernis zu schauen, das aus einer Dreierkombination bestand. Carin kämpfte mit dem ungeduldig werdenden Caruso, doch sie wußte, daß alles in die Binsen gehen würde, wenn er die Oberhand gewänne. Bei ihrem ersten Springen sollte ihr das Pony nun wirklich nicht durchgehen!

Zum Glück wirkten die Wände der Reithalle irgendwie dämpfend auf das Pony. Sie überwanden ein Hindernis nach dem anderen ohne ernsthafte Schwierigkeiten.

In schnellem Lauf näherten sie sich der Mauer. Mein Gott, dachte Carin, doch dann spürte sie, wie sicher Caruso unter ihr war. Er trat perfekt an, und übersprang die Mauer spielend leicht. Noch zwei Hindernisse waren zu bewältigen.

Carin spürte, wie müde ihre Arme waren. Schon machten sie einen unnötig großen Bogen, aber es war auf jeden Fall das richtige Hindernis! Das letzte Hindernis bot keine Probleme mehr, und schon flog Caruso mit donnernden Hufen über die Ziellinie.

Carin hatte fast kein Gefühl mehr in den Armen. Ihre Beine waren wie aus Gummi. Doch sie war nicht gestürzt, und Caruso stand sicher auf seinen Beinen. Das war die Hauptsache.

„Super!“ sagte Lena strahlend. Sie wartete am Ausgang der Reithalle.

Birgitta stimmte ein. „Ein gutes Springen, Carin!“ Fehlerfrei, abgesehen von einem kleinen Zeitfehler. Es ist nur die Erfahrung, die dir noch fehlt. Unser Caruso ist eben toll!“ Sie klopfte den Hals des Ponys, das heftig wieherte.

Carin antwortete nicht. Sie war froh, daß es vorbei und gut gelaufen war. Jetzt wollte sie nur noch absitzen und die Beine strecken. Sie beugte sich vor und klopfte den Hals des Ponys. „Danke, Caruso!“ flüsterte sie. „Das haben wir nur dir zu verdanken!“

Die anderen Reiter der Mannschaft kamen und klopften ihr anerkennend auf die Schulter. Carin und Caruso galten die Glückwünsche. Dann entdeckte sie Nina, die hinter all den anderen stand. Nina sah traurig aus. Carin schob sich zu ihr durch.

„Komm mit zu Caruso“, sagte Carin und zog sie mit sich. „Du mußt dich bei deinem Pony bedanken!“

„Ich mußte ständig daran denken, daß ich mich nie wieder trauen werde zu springen. Du könntest genauso gut Caruso übernehmen!“ sagte Nina leise.

„Blödsinn!“ erwiderte Carin. „Ich habe ein eigenes Pferd, Nina. Ich habe mir vorgenommen, Friolina bald einzureiten. Außerdem hast du versprochen, wieder zu reiten. Sonst wäre ich dieses Mal nicht eingesprungen, das weißt du!“

„Stimmt. Aber es ist schwierig für mich, du weißt ja. Ich sehne mich danach zu reiten, aber trotzdem ... Ihr habt das wirklich gut gemacht, Carin. Das meine ich ehrlich.“ Sie ging zu ihrem Pony und sprach leise mit Caruso. Gemeinsam halfen sie, das Pony abzusatteln und trockenzureiben.

„Na also, und jetzt gehen wir und schauen, wie es für die anderen läuft!“ sagte Carin schließlich.

Bald waren sie unter den Zuschauern und jubelten auf der Tribüne mit. Nina schien ihre Angst vergessen zu haben. Carin blinzelte zu ihr hinüber und fragte sich, ob es wirklich klappen würde, Nina über den Schock hinwegzuhelfen. Vielleicht sollte sie einmal mit Ninas Mutter sprechen. Birgitta hatte doch so viel Erfahrung. Doch im Innern wußte sie, daß Nina ihr das niemals verzeihen würde.

Auf dem Heimweg konnte sich Carin im Auto endlich ein wenig entspannen. Ihr Körper fühlte sich schwer und warm an, und sie merkte, wie müde sie war. Lena plauderte, und alles schien gut zu sein.

„Wie steht es eigentlich mit Nina, Carin? Ich fand, sie sah beim Turnier etwas bedrückt aus!“

Carin zuckte zusammen. Wußte Lena etwas? Oder war es nur ihre Sensibilität?

„Mit Nina ist alles in Ordnung“, antwortete Carin und

versuchte, ganz normal zu sprechen. „Aber es ist bestimmt nicht lustig, so lange mit einem Gips rumzulaufen."

„Nein, das ist verständlich. Aber ich hatte den Eindruck, daß da noch etwas anderes war. Ich verstehe, daß du mit mir nicht darüber reden willst. Aber ich bin für dich da, wenn du mich brauchst."

„Gut", sagte Carin leise, „danke. Ich werde dran denken."

Der Schnee lag in hohen Wehen rund um das Haus. Lars war zwei Tage lang mit Tore und dem Schneepflug herumgefahren. Anfangs hatte Carin als Gewicht auf dem Pferd gesessen, doch nun waren die Wege soweit frei, daß Lars sich selbst daraufsetzen konnte.

Von dem Springen hatte der Vater kaum gesprochen. Carin war es recht, obwohl sie trotz allem ein wenig enttäuscht war.

Friolinas Ausbildung ging voran, obwohl sie ganz langsam vorgingen. Eines Tages fiel Lars ein, daß er die Ponystute hinter den Wagen binden könnte, wenn er mit Tore fuhr. Auf diese Weise bekam sie Bewegung und war nicht mehr so ein Energiebündel, wenn sie zum Longieren aus dem Stall geholt wurde.

Sie hatten Friolina sogar vor einen kleinen Schlitten gespannt, und das war recht gut gegangen. Das Pony schien ganz genau zu verstehen, was sie von ihr wollten.

„Jetzt machen wir eine Runde mit dem Schlitten, damit sie ein bißchen warm wird. Ich dachte, du könntest heute schon einmal probesitzen. Ganz kurz natürlich nur!“ Er sah Carin an, deren Wangen rot geworden waren.

Auf Lina sitzen! Ob Lina es ihr erlauben würde? Versuchsweise hatte sie sich schon oft vom Boden aus auf den

Rücken der kleinen Stute gelehnt, und das hatte Friolina immer ganz ruhig erlaubt.

Sie spannte Tore an, nachdem der Vater den Schlitten aus dem Stall gezogen hatte. Und dann war Lina an der Reihe. Sie tänzelte am Führstrick, als Carin sie hinausführte, der Atem stand ihr wie eine kleine Wolke um das Maul. Verspielt schnappte sie nach Tores Hinterteil. Carin hielt die Gerte hoch, um Friolina daran zu hindern, auf den Schlitten aufzulaufen. Das mußte sie einfach wissen. Das Pony begriff sehr schnell, was von ihm erwartet wurde.

Der Vater schnalzte Tore zu, und schon glitten sie über den weichen Schnee dahin. Es waren ideale Bedingungen zum Schlittenfahren: Neuschnee und fünf Grad Kälte. Nur das schwache Knirschen der Kufen und das Schellengeläut waren zu hören. Schlittenfahren war etwas ganz Besonderes, fand Carin. Sie fühlte sich ruhig und ausgeglichen, es war wunderbar, durch die verschneite Landschaft zu gleiten.

Lina lief hinter dem Schlitten, auch ihr schien es zu gefallen. Tore lief gemächlich dahin, Lars lenkte ihn hinauf in den Wald, wo der Schnee höher lag.

Tore schnaubte. Lars ließ die Leinen hängen, da konnte Tore in seinem eigenen Takt laufen. Friolina pustete Carin warme Luft in den Nacken. Das war ein schönes Gefühl, fand Carin. Sie drehte sich um und rief ihrem Pony ein paar feine Worte zu.

Wieder daheim stand Lina brav und ganz ruhig draußen vor dem Stall. Ihre Flanken hoben sich immer noch nach dem Lauf, und sie warf den Kopf auf. Carin rieb sie sorgfältig trocken und führte sie zum Abkühlen herum.

Lina schaute ein wenig, rührte sich aber nicht. Carin hatte sie vorher schon viele Male aufgetrenst und gesattelt; sie hatte sich auch schon oft ein wenig in einen Steigbügel gestemmt. Doch sie wollte trotzdem vorsichtig sein. Beruhigend redete sie mit der kleinen Stute.

Der Vater kam heraus und nahm Lina am Zügel. Er nickte Carin aufmunternd zu, die sich gerade die Reitkappe unter dem Kinn zuklippste und einen Fuß in den Steigbügel schob. Dann stieg sie langsam auf. Friolina wandte ihr den Kopf zu, schien aber vollkommen ruhig zu sein. Lars gab ihr ein paar Haferkörner.

Behutsam ließ Carin ihr Bein über den Rücken des Pferdes gleiten, dann sank sie langsam mit ihrem vollen Gewicht in den Sattel. Die Stute wich seitlich aus, doch sie nahm Carins Gewicht ruhig an. Carin schob den rechten Fuß in den Steigbügel und nickte ihrem Vater zu.

Langsam begann er, sie über den Stallhof zu führen. Friolina ging ruhig vorwärts, einmal trippelte sie ein wenig hastig. Carin achtete genau darauf, die Zügelhände und Beine ganz ruhig zu halten. Sie klopfte Lina den Hals und plauderte mit ihr, wie sie es immer tat. Ein Gefühl des Glücks durchströmte ihren Körper. Sie ritt Friolina! Ihr Pony! Wenn Nina sie jetzt nur sehen könnte!

Wie verändert es bei der Mutter war! Überall lagen Kabel herum und standen Stereogeräte. Gunilla hatte sich sogar einen Videorecorder angeschafft. Dabei war sie doch bisher an solchen Dingen völlig uninteressiert gewesen!

Erstaunt sah sich Carin um. Stefan hatte der Wohnung bereits sein Gepräge gegeben, obwohl er noch gar nicht richtig eingezogen war.

Das Zimmer, das die Geschwister vorher gemeinsam bewohnt hatten, war nun vor allem Kims Zimmer. Das sah Carin. Ihr Bruder schien ganz unbeschwert zu sein. Er erzählte Carin eifrig von seinen neuen Klassenkameraden.

„Wie geht es dir, Carin?“ fragte die Mutter zärtlich und umarmte sie. „Kommt es dir leer zu Hause vor, wo Kim nun fort ist?“

„Ja, sehr leer! Aber es scheint ihm hier zu gefallen. Und wir werden uns ja auch immer an den Wochenenden sehen.“

„Erzähl ein bißchen von dem Turnier. Es scheint ziemlich spannend gewesen zu sein!“

„Es war wirklich toll, Mama, dabei zu sein. Aber Papa wollte nicht zuschauen, und das war schade. Irgendwie ist es doch wichtig für mich, daß ihr das gut findet, was ich tue.“

„Ich werde versuchen, mit Lars darüber zu reden!“ Gunilla seufzte. „Aber ich weiß, daß er in diesem Punkt ganz schön eigensinnig ist. Doch er ist auch besorgt um dich!“

„Ich weiß!“ Carin erzählte und fühlte, daß sich die Mutter wirklich für sie interessierte. Es schien, als ob es plötzlich leichter war, mit ihr zu reden, wo Stefan da war.

„Stefan zieht wohl im Herbst hierher“, sagte die Mutter endlich und sah Carin prüfend an. „Ich möchte es nicht früher, Kims wegen. Er braucht noch Zeit mit mir allein!“

Carin nickte verständnisvoll.

„Wir haben darüber gesprochen, hinauszufahren und zuzusehen, wenn du bei einem Turnier mitreitest. Es ist jetzt für mich einfacher, weil Stefan ein Auto hat.“

„Das wird wohl nichts, solange Papa dagegen ist“, sagte Carin leise. „Übrigens“, fuhr sie fort, um das Thema zu wechseln, „wie geht es mit Kim?“

„Es geht ganz gut. Er bewacht mich im Moment sehr, aber Stefan hat dafür Verständnis. Er hat eine Engelsgeduld mit ihm. Aber das ist klar, ein bißchen schwierig wird es, wenn sie mich beide gleichzeitig für sich haben wollen!“ Gunilla lachte. Und Carin spürte wieder einmal dieses Gefühl der Traurigkeit, und daß sie nicht ihren Vater und die Mutter jeden Tag zusammen bei sich haben konnte. Wie gut, daß sie wenigstens Friolina hatte! Die brauchte sie wenigstens. Und zwar immer, nicht nur am Wochenende.

Jetzt kannst du ein bißchen selbst reiten", sagte Carin und sah zu Nina auf, die auf Tores Rücken saß. „In zwei Wochen nehmen sie dir schließlich den Gips ab."

„Uff! Red nicht davon! Ich wünschte mir fast, sie würden mir wieder einen neuen Gips machen!"

„Dummes Zeug! Es klappt doch total gut. Ich finde, du solltest jetzt selbst eine Runde reiten. Dann können wir ein bißchen traben."

„Wie du mich antreibst!"

„Das muß ich ja. Also, nun los mit dir! Ich führe Tore jetzt nicht mehr!"

Nina ritt im Schritt durch die Bahn. Steif saß sie auf Tores Rücken. Carin sah, wie angespannt sie war. Wie sollte sie nur ihre Angst überwinden? Birgitta redete schon davon, wie bald Nina wieder in Ordnung sein würde.

Später, als Lena heimkam, saßen die Mädchen am Küchentisch und machten ihre Hausaufgaben. Auf der Veranda lag eine Reitkappe, die Lena nicht kannte. Sie nahm die Kappe auf und sah Ninas Namen auf der Innenseite. Was hatte das zu bedeuten? Nina konnte doch noch nicht wieder reiten.

„Hallo, Mädchen. Wie geht's?" Lena sah automatisch in

den hungrigen Schlund des Holzfeuerofens. Dort brannten zwei dicke Holzscheite. „Gut, daß ihr euch um das Feuer gekümmert habt. Hier wird's so ungemütlich, wenn man nicht feuert."

„Hm", sagte Carin.

Nina sagte nichts.

Lena sah die beiden am Tisch an. Sie zögerte einen Moment. Vielleicht sollte sie sich nicht einmischen, doch gleichzeitig spürte sie, daß sie Hilfe brauchten. „Kommt, ihr beiden, wir gehen in Carins Zimmer. Ich möchte ungestört mit euch reden."

Carin und Nina sahen sich mit großen Augen an. Was war nun los? Warum sollten sie in Carins Zimmer gehen?

„Da haben wir mehr Ruhe. Ich meine, falls jemand kommen sollte. Kommt jetzt!"

Widerwillig erhoben sie sich. Carin zwirbelte eine Haarsträhne um den Finger. Nina leckte sich die Lippen.

Lena schloß hinter ihnen die Tür zur Diele und hockte sich auf den Boden. Sie zog die Beine an den Körper und schlang die Arme darum.

Carin und Nina ließen sich auf die Knie sinken, doch sie sahen sie nicht an.

Lena saß eine Weile still da. Sie überlegte, wie sie anfangen sollte. „Ich habe Ninas Reitkappe auf der Veranda gesehen", sagte sie schließlich.

„Na und?" zischte Carin.

Nina war feuerrot geworden.

„Hört mal zu, ihr beiden. Ich habe den Eindruck, daß ihr irgend etwas auf dem Herzen habt. Wäre es nicht gut, wenn ihr mit jemandem darüber sprechen könntet?"

Carin blickte zu Nina, die unmerklich nickte.

Carin wurstelte wieder in ihren Haaren herum. Das Resultat würde ein großer dicker Knoten sein, doch daran

7 10126-9

verlor sie im Augenblick keinen Gedanken. Zögernd begann sie zu berichten.

Nina fing an zu schniefen, dicke Tränen tropften auf ihren Gips.

Lena legte ihr tröstend die Hand auf den Arm.

„Und jetzt sind es nur noch zwei Wochen, bis der Gips abgenommen werden soll, und wir ... wir haben es noch nicht geschafft", schloß Carin.

„Aber warum habt ihr nicht mit Ninas Eltern darüber gesprochen? Sicher hätten sie es verstanden, wenn sie es nur erfahren hätten."

„Das hätten sie bestimmt nicht!" rief Nina. Ihre Wangen waren glühend rot. „Du kennst meine Eltern nicht. Sie wollen immer nur, daß ich die Beste bin!"

„Daß für sie Turniere sehr wichtig sind, habe ich schon gemerkt, aber da gibt es wohl Grenzen. Es ist nie gut, so etwas hier zu verbergen. Früher oder später kommt es doch heraus. Und dann hast du nur unnötig gelitten. Habt ihr nie daran gedacht, was hätte passieren können? Mit einem Gips reiten ... Nina hätte sich noch schlimmer verletzen können."

Die Mädchen wußten nichts zu sagen. „Aber doch nicht mit Tore!" sagte Carin. „Er ist so ruhig! Außerdem war es meine Idee."

Es war schwer, Nina so traurig zu sehen.

„Na, ich habe schließlich dabei mitgemacht", sagte Nina. „Und es geht mir ja auch schon viel besser. Dieses Schwindelgefühl ist verschwunden. Tore macht mir wirklich keine Angst!"

„Ich finde, das war sehr nett von dir, Carin", sagte Lena. „Aber du mußt einsehen, daß es auch gefährlich war. Wenn man einen Gips hat, sollte man sich lieber ruhig verhalten. Vor allem aber nicht in den Sattel eines Pferdes steigen. Und wenn es noch so ruhig ist. Auch Tore kann sich mal erschrecken und dann scheuen!"

Carin nickte und versuchte, ihre Haare zu entwirren.

„Du, Nina, da ist eine wichtige Frage, die du beantworten mußt", fuhr Lena fort und sah sie ernst an. „Möchtest du wieder in Ordnung kommen, so daß du wieder reiten kannst? Mit anderen Worten: Möchtest du wieder auf Turniere, oder machst du das hier, weil du es mußt?"

Nina wischte ihre Tränen ab und dachte nach. „Ich möchte es!" sagte sie bestimmt.

„Prima!" sagte Lena. „Dann wird es auch wieder gut werden, wenn du dir nur Zeit läßt. Ich werde mit deinen Eltern reden, wenn du willst. Ich kenne sie ja inzwischen ein bißchen. Das wichtigste ist im Moment, daß du diesen Druck von dir nimmst. Dann wird es schon von selbst klappen. Ihr scheint große Fortschritte gemacht zu haben, auch wenn es etwas leichtsinnig war, was ihr getan habt. Wenn Nina erst den Gips los ist, könnt ihr mit dem Training weitermachen. Wenn du das willst, versteht sich."

„Klar will ich!" Nina sah richtig erleichtert aus.

Puck kratzte an der Tür, und sie mußten alle lachen. Der Hund wollte natürlich dabei sein. Er durfte hereinkommen und legte sich mitten zwischen sie, wo er von allen dreien gekrault wurde.

Gerade als der Vater eine Treppe tiefer zur Tür hereinkam, hatten sie beschlossen, daß Lena mit Ninas Eltern sprechen würde. Bis dahin sollten sie mit dem Reiten aufhören.

„Vielleicht kann ich ja mit zum Chorsingen gehen", schlug Nina vor, „nur so aus Spaß."

„Ja, das fänd ich gut", sagte Carin. „Wir fangen an, Frühlingslieder zu proben."

Es war kalt, so daß sie in der Schule jeden Tag Ski fuhren. Carin hatte keine richtigen Skistiefel, doch es ging trotzdem ganz gut. Sie wollte ihren Vater jetzt nicht um neue Stiefel bitten; sie hatte so viele Dinge für Friolinas Ausstattung bekommen.

Nina saß während der Skistunde drinnen und las oder zeichnete. Doch das machte ihr jetzt nichts mehr aus. Lena hatte mit ihrer Mutter gesprochen, und alles war nun gut. Sie brauchte mit dem Reiten nicht eher anzufangen, als sie sich dazu in der Lage fühlte und es sich zutraute. Birgitta war nur ein wenig traurig darüber gewesen, daß ihre Tochter ihr nichts gesagt hatte.

Die Freundinnen gingen gemeinsam zum Chor. Linda machte große Augen, als Nina in der Tür auftauchte. Die Wintersonne wärmte ihnen, während sie sangen, den Rükken, und Carin fühlte sich sehr zufrieden, wenn sie Nina neben sich sah.

„Weißt du was", sagte Nina zu Carin, als sie in der Pause auf dem längsten Ast ihres Baumes saßen. „Jetzt glaube ich fast, daß es gut war, daß ich mir den Arm gebrochen habe."

„Wieso das denn?" wollte Carin wissen und legte ihre Wange an die kalte Rinde.

„Na, früher gab es für mich nur das Reiten. Ich hatte gar keine Zeit mehr für andere Sachen. Aber jetzt habe ich festgestellt, daß es noch eine Menge anderer toller Dinge gibt. Mama hat übrigens beschlossen, daß Caruso jetzt eine Weile pausieren soll. Er muß nicht ständig so viel trainieren. Sie wollte dich deswegen noch anrufen. Du bist doch nicht traurig, wenn ..."

„Aber nein, das finde ich gut für ihn. Ich hab mit Lina alle Hände voll zu tun. Ich reite sie jeden Tag ein Weilchen. Heute wollen Papa und ich zusammen einen kurzen Ausritt in den Wald machen. Dann kriegt sie allerhand zu sehen, sie ist ja so neugierig!"

„Will Lena nicht auch mit dem Reiten anfangen?"

„Sie hat davon gesprochen, aber ich weiß nicht, warum noch nichts daraus geworden ist. Und ich dränge nicht!"

Ein Schneeball kam durch die Luft geflogen, und die Mädchen duckten sich gleichzeitig.

„Jetzt haben wir uns aber in die Nesseln gesetzt!" sagte Carin lachend, als sie unter sich die Jungen sah. „Wir sind wie Zielscheiben hier oben."

Es schellte zum Ende der Pause. Sie waren gerettet! Doch sie bekamen noch jede einen Schneeball ab, ehe die Jungen laut schreiend davonstoben.

Pucks Ohren flatterten, als er vor dem Vater und Tore durch den Schnee rannte. Friolina schritt am langen Zügel munter und zügig aus. Carin wollte ihr soviel Freiheit wie möglich geben, um sie nicht unnötig einzuengen. Was für einen raumgreifenden Schritt sie hatte! Die Stute hatte keine Schwierigkeiten, mit Tore Schritt zu halten, obwohl der fast doppelt so groß war wie sie.

„Sollen wir den Berg rauf einen kleinen Galopp riskieren?" rief Lars und wandte sich im Sattel um.

„Können wir das wagen?"
„Ja, ja, Tore geht ja voran und gibt das Tempo an!"
„Also gut!" Carin hatte gerade die Zügel kürzer genommen, als Tore vor ihr schon davondonnerte. Während ihr der Schnee ins Gesicht spritzte, merkte sie, wie auch Lina losrannte. Es war, als ob das junge Pferd unter ihr vor Lust am Laufen explodierte. Plötzlich machte sie zwei übermütige Bocksprünge. Verzweifelt hielt Carin sich am Sattelknauf fest und preßte die Knie zusammen. Beim dritten Mal verlor sie die Steigbügel und stürzte in hohem Bogen nach vorn über das Pferd. Mit dem Gesicht nach unten fiel sie in den weichen Schnee. Sie rollte sich auf den Rücken und konnte erkennen, daß ihr Vater aus dem Stall sprang und zu ihr lief.
„Carin! Was ist passiert?" Seine Stimme klang ängstlich.
„Nichts ist passiert! Ich lieg hier nur so rum! Wo ist Lina?"
Der Vater lachte erleichtert auf. „Das sah gefährlich aus! Lina steht da drüben und wartet auf dich. Sie wollte nicht durchgehen, sie buckelte aus reinem Übermut! Tut mir leid, Carin. Mit Jungpferden kann man nicht vorsichtig genug sein. Aber ich hätte es wissen müssen. Doch ich hatte solche Lust auf einen Galopp!"
Carin verstand ihn. Es war gar nicht so leicht, immer vernünftig zu sein. Auch Erwachsene konnten sich natürlich einmal irren.
„Was für ein Glück, daß die Natur ein Sicherheitsnetz aus Schnee ausgelegt hatte", Lars half ihr auf die Füße. „Komm, wir wollen weiter! Ich helf dir in den Sattel!"
Für den Rest der Tour ließen sie es langsamer angehen. Friolina schien nach dem Vorfall ruhiger geworden zu sein. Sie ging ruhig und aufmerksam und reagierte auf Carins Hilfen.

Wieder daheim, versorgten sie die Pferde und misteten dann aus. Carin fand es richtig schön, das alles mit ihrem Vater zusammen zu machen und zu erleben. Es war, als ob sie sich noch näher gekommen waren, seitdem er die Stute für Carin gekauft hatte.

„Am Wochenende kommt Kim", sagte Lars mit einem Mal und füllte Wasser in die Tränken. „Vermißt du ihn?" fuhr er fort.

Carin nickte. „Ja, es ist viel leerer geworden, seit er fort ist. Jetzt sind ja fast nur noch Frauen im Haus."

Lars lächelte und nahm Carin in die Arme. „Aber es geht ihm gut, und das ist die Hauptsache."

Als sie ins Haus kamen, hatte Lena Tee gekocht und Kekse gebacken. Sie setzten sich um den Küchentisch, wo Lena das Licht angemacht hatte, und erzählten von dem Sturz.

„Ich habe sogar Schnee unter den Pullover gekriegt", kicherte Carin. „Aber es ist nichts passiert!" fügte sie schnell hinzu, als sie Lenas erschrockenes Gesicht sah.

„Ja, sie sah wie eine Schneekönigin aus!" Lars nickte.

„Ihr seid doch vorsichtig, Lars?" bat Lena. „Lina ist schließlich noch sehr jung!"

„Warum hast du noch nicht angefangen zu reiten, Lena?" fragte Carin plötzlich. „Du hast sonst so viel davon gesprochen."

Lena sah Lars an, als erwarte sie von ihm Zustimmung. Dann wandte sie sich Carin zu. Die ganze Zeit über drehte sie die Teetasse in ihrer Hand.

„Wenn alles so läuft wie es soll..., dann werde ich im Herbst ein Kind bekommen", sagte sie mit sanfter Stimme. „Deswegen möchte ich nicht gerade jetzt mit etwas Neuem anfangen. Vor allem mit dem Reiten!"

Carin schluchzte. Hatte sie richtig gehört? Sie fühlte

sich total überrumpelt. Lena würde ein Baby bekommen! Sie wußte überhaupt nicht, wie sie darauf reagieren sollte. Sie fühlte sich froh und traurig zugleich. Kim und sie würden eine Halbschwester oder einen Halbbruder bekommen. Einer mehr, der um den Vater konkurrieren würde.

„Was sagst du dazu?" fragte der Vater.

„Laß sie nur, Lars", sagte Lena. „Das kam so plötzlich. Sie muß die Nachricht erst verdauen!"

„Ich weiß nicht, was ich meine", sagte Carin zögernd. „Ich muß mich wohl erst an den Gedanken gewöhnen. Obwohl es bestimmt ganz lustig wäre, eine kleine Schwester zu haben."

Mehr wurde darüber nicht gesprochen. Und dennoch fühlte Carin, daß bereits etwas geschehen war. Es war, als ob sich dieses kleine ungeborene Wesen schon zwischen sie gedrängt hätte.

Später lag sie am Kachelofen und kraulte Puck den Bauch. Ein Geschwisterchen! Und wenn Mama nun auch noch ein Kind mit Stefan haben wollte? Konnten sie sich nicht mit den Kindern zufriedengeben, die sie hatten?

Langsam begann der Schnee unter dem warmen Blick der Märzsonne davonzurinnen. Schmutzig und schlammig war es draußen, und es war nicht lustig, mit dem Pferd vor dem Wagen zu fahren oder zu reiten. Doch Lina mußte jetzt jeden Tag bewegt werden, sonst wurde sie ungeduldig. Und wenn sie zuviel stand, konnte sie ganz schön widerborstig werden.

Ein eigenes Pferd macht viel Arbeit, fand Carin oft. Aber diese Arbeit machte Spaß. Man beschäftigte sich mit einem Lebewesen und nicht mit langweiligen Hausaufgaben. An den Wochenenden, an denen sie zu ihrer Mutter fuhr, hatte sie frei. Diese Stunden hatte sie mehr und mehr zu schätzen gelernt. Stefan dachte sich immer so lustige Sachen aus. Außerdem war er an den Fortschritten interessiert, die sie mit Friolina machte. Er hatte selbst als Kind geritten, hatte jedoch aufgehört, als er irgendwann der einzige Junge in der Reitschule gewesen war. Er hatte dem Druck, den seine Kameraden auf ihn ausgeübt hatten, nicht standgehalten.

Eines Tages hatte Carin ihre Klassenkameradin Jenny zu sich nach Hause eingeladen. Jenny ritt in der Mannschaft der Springreiter. Sie war sehr neugierig auf Friolina.

Im Schulbus kicherten sie, und die Jungen rissen ihnen

die Mützen vom Kopf. Jenny schoß mit ihrem rosa Haargummi nach den Jungen, um sich zu rächen.

„Lina sieht im Moment richtig gefährlich aus", sagte Carin, als sie den Weg zum Hof hinauf gingen. Ihr blondes Haar hing ihr bis zur Hälfte der Jacke herab. Die Jungen hatten es am Schluß geschafft, ihr das Haargummi herauszuziehen.

„Was meinst du?" wollte Jenny wissen und stopfte sich die Mütze in die Jackentasche.

„Sie ist dabei, ihr Winterfell zu verlieren. An einigen Stellen ist sie schon ganz glatt, an anderen hängen noch dicke Haarbüschel. Ich bürste sie jeden Tag mit dem Gummistriegel, aber der Pelz scheint gar nicht aufzuhören!" Sie lachte.

Carin fragte sich, warum sie das Gefühl hatte, sich vor Jenny rechtfertigen zu müssen. Doch es war wohl so, daß sie sie heimlich bewunderte. Jenny schien so viel Ahnung von Pferden zu haben.

„Ich weiß", sagte Jenny. „Bei Twilight war es früher auch so. Jetzt scheren wir ihn oft, weil er soviel auf Turniere geht." Man ist dann allerdings gezwungen, ihm immer eine Decke aufzulegen. Und das ist auch nicht so gut. Ich finde Robusthaltung im Grunde am besten!"

Auf der Veranda wurden sie stürmisch von Puck begrüßt. Der Hund sprang und fiepste vor Freude. Er schnappte sich Jennys Handschuhe und flitzte mit ihnen unter lautem Protest der Mädchen davon. Schließlich beruhigte er sich, so daß sie sich dem Mittagessen widmen konnten. Dann hatten sie es eilig hinauszukommen. Sie aßen nur jede eine Schnitte Brot und tranken ein Glas Milch.

„Wir machen die Hausaufgaben später", sagte Carin.

Jenny nickte, den Mund voll von süßem Brot.

Erst war ein kurzer Besuch bei den Hühnern dran. Carin lockte Orpan herbei, behutsam hob sie die große braungelbe Henne hoch.

„Wie hübsch sie ist!“ rief Jenny.

„Und klug! Sie ist es, die im Hühnerhaus das Sagen hat, auch wenn der Hahn Sune glaubt, er sei es.“

Sie sammelten vier Eier auf und legten sie in einen Korb im Stall.

„Ich hole die Pferde, wenn du an der Tür aufpaßt“, sagte Carin und lief zur Weide hinauf. Tore und Friolina standen schon am Gatter, und es wurde ein munterer Lauf zum Stall hinunter.

„Wie groß er ist!“ Jenny zeigte auf Tore, der bereits seine Mittagsportion Heu fraß. Carin lachte. „Alle sind von ihm das erste Mal so beeindruckt. Na, was hältst du von Friolina? Schau sie dir an!“

„Sie ist ein hübsches Pony! Ein bißchen zottelig zur Zeit. Was für eine schöne Farbe sie hat. Dieser Goldstern!“

„Kastanienbraun“, erklärte Carin. „Du solltest sie mit ihrem Sommerfell sehen. Dann leuchtet sie wirklich wie Gold!“

„Sie hat einen wunderschönen edlen Kopf“, sagte Jenny und strich dem Pony über das Maul. „Wie ein kleiner Araber. Übrigens, willst du nicht mehr mit Caruso auf Turniere gehen?“

Carin begann, Lina mit dem Gummistriegel zu bürsten. „Nein, er soll jetzt bis zum Frühjahr pausieren. Ich finde das gut für ihn. Und diese Dame hier nimmt ziemlich viel Zeit in Anspruch.“

„Schade, es lief doch so gut für dich. Wir bräuchten noch jemanden in der Mannschaft.“

„Nina ist bestimmt bald wieder dabei!“ sagte Carin ausweichend.

„Ja, aber wir sind auf alle Fälle zu wenige. Sollte ein Pferd ausfallen, dann stehen wir da. Du könntest dich doch dann im Sommer vielleicht mit Friolina für ein Trainingsturnier aufstellen lassen."

„Ein Trainingsturnier?"

„Ja, weißt du nicht, daß der Klub leichte Turniere für Jungpferde und Anfänger veranstaltet? Da können sie Springen trainieren. Ganz niedrige Hindernisse sind da. Der Sinn und Zweck ist nur, daß man erfahren soll, ob man überhaupt springen möchte und kann. Und ob das Pferd sich an all die Dinge gewöhnen soll, die zu einem Turnier gehören. Der ganze Trubel, du weißt schon!"

„Klingt gut", sagte Carin vorsichtig. „Aber mein Vater ist von so was nicht begeistert. Er wird verrückt, wenn ich wieder anfange, von Turnieren zu reden. Es war schon ein Wunder, daß ich mich mit Caruso aufstellen lassen durfte."

„Aber dies ist doch mehr wie ein normaler Unterricht", wandte Jenny ein.

„Ja, aber das Wort Turnier reicht schon, und Papa sieht rot."

„Verrückt!"

Schweigend bürsteten sie eine Weile. Jenny überlegte, wie das wohl wäre, wenn sie einen Vater hätte, der sie nicht auf Turniere ließe.

Und Carin fand es schade, daß ihr Vater ihren Freundinnen als so stur erschien. Was die meisten Dinge betraf, war er doch in Ordnung.

„Wollen wir nicht eine Runde reiten?" fragte Jenny plötzlich. „Kann man Tore reiten?"

„Ja, klar", sagte Carin. „Aber ich darf Friolina eigentlich noch nicht allein reiten."

„Du bist doch nicht allein, ich bin bei dir." Jenny lachte.

„Okay, aber dann nur im Paddock."

Sie machten die Pferde fertig. Jenny befühlte beeindruckt Tores kräftige Muskeln. „Kann man im Sattel sitzen, ohne daß die Beine zur Seite abstehen?"

„Doch, das geht tatsächlich", Carin lachte.

Sie führten die Pferde zum Auslauf hinüber. Carin schloß das Tor gewissenhaft hinter sich. Jenny hielt ihr Friolina, bis Carin im Sattel war. Sogleich begann die Stute, zügig eine Volte auf dem Platz zu laufen. Tore sah ihr nach und schnaubte.

„Sie hat hier das Sagen, obwohl sie kleiner und jünger ist", erklärte Carin.

Sie ritten eine Weile Schritt und Trab. Jenny kam gut mit dem schweren Tore zurecht. Sie war erstaunt, wie leicht er zu reiten war. Doch nach einer Weile wurde Tore müde und wollte nicht mehr gehen. Er war sein Leben lang ein Arbeitspferd gewesen, er haßte das Im-Kreis-durch-den-Paddock-gehen. Jenny ritt zur Mitte. Und dann gab sie Carin eine richtige Unterrichtsstunde in der Dressur. Sie begann mit den Basisübungen, die Schwierigkeiten würden später kommen. Aber es tat Friolina gut, daß sie gymnastiziert und gelockert wurde. Jenny achtete darauf, die junge Stute nicht zu überfordern und sie nach jeder Übung ausgiebig zu loben. Lina sollte ja den Spaß am Reiten behalten. Das war ganz wichtig, auch wenn sie später einmal ein gutes Springpferd sein sollte. Sie arbeiteten eine ganze Weile weiter, endlich machte Jenny Schluß. Friolina hatte sich willig und voller Lerneifer gezeigt. Die „Lehrerin" war zufrieden.

Carin strahlte. Sie klopfte Linas Hals, und das Pony prustete nachdrücklich. Hintereinander führten die Mädchen Tore und Friolina in den Stall. Sie hatten sich ihr Futter wirklich verdient.

„Wollt ihr wirklich noch einmal fahren?" Gunilla sah ihre beiden Kinder an.

Stefan war mit Carin und Kim in der neuen Achterbahn gefahren. Die Augen der Geschwister leuchteten, ihre Haare standen wirr ab vom Fahrtwind.

„Klar, wollen wir!" Stefan reckte seinen langen Rücken. „Oder?"

Die beiden nickten eifrig. Kim hielt den Arm seiner Schwester umklammert. Sein Gesichtsausdruck zeigte eine Mischung aus Schrecken und Begeisterung. Das Leben war so aufregend geworden, seit er zu der Mutter gezogen war!

Gunilla nickte. „Ich gehe schon mal zu der Cafeteria da drüben. Es wird zu kalt, wenn man hier steht und wartet. Ihr könnt ja dann nachkommen."

Zwanzig Minuten später machten sich Carin und Kim über zwei riesige Portionen Eis mit Schokoladensoße und Waffeln her.

„Wie wollt ihr das bloß schaffen?" lachte Stefan.

Carin mochte ihn von Mal zu Mal mehr. Er hatte eine Art, die sie vergessen ließ, daß er fünfundzwanzig Jahre älter war als sie. Er kümmerte sich wirklich auf eine ehrliche Art um sie.

Am Abend sahen sie sich Dias von einer Bergwanderung an, die Stefan gemacht hatte. Vielleicht würden sie so eine Wanderung einmal gemeinsam machen. Carin fühlte, daß sie das gerne tun würde. Sie tranken Tee aus der großen Kanne und sprachen über den Sommer. Ohne daß Carin wußte, wie es dazu gekommen war, erzählte sie auch schon von den Trainingsturnieren im Reitclub.

„Da würdest du bestimmt gern mit Lina mitmachen, oder?" fragte Stefan, als ob er ihre Gedanken lesen könnte.

„Das wäre toll! Ich wünsch mir das schon lange."

„Jetzt schäme ich mich fast ein bißchen", sagte Gunilla und legte die Beine aufs Sofa. „Ich hatte ja versprochen, mit Lars darüber zu sprechen. Aber ich bin noch nicht dazu gekommen. Sei nicht böse, Carin!"

„Das macht nichts, Mama. Es wird auf alle Fälle schwer werden, ihn dazu zu bringen, seine Meinung zu ändern. Er hat über dieses Turnier, an dem ich neulich teilgenommen habe, kein Wort gesagt."

„Das ist bestimmt nicht leicht für dich. Aber ich verstehe, daß er besorgt um dich ist. Vielleicht hat er einmal bei einem Reitturnier etwas Schlimmes erlebt!"

„Müßt ihr eigentlich immer über Pferde reden?" beklagte sich Kim und kletterte zu seiner Mutter auf das Sofa.

„Aber Kim! Carin ist doch nur jedes zweite Wochenende hier. Dann müssen wir schon über das reden können, was wir wollen", sagte sie energisch.

Kim schnitt eine Grimasse und nahm sich eine Banane aus der Obstschale. Carin war erstaunt. Es kam selten vor, daß die Mutter Kim zurechtwies, auch wenn Carin fand, daß sie es hätte tun sollen.

„Wir werden sehen", fuhr Gunilla fort. „Der Sommer ist ja noch nicht da. Trainier nur weiter, dann wird sich zeigen, wie es weitergeht. Man muß vor allem abwarten, wie sich Friolina entwickelt und wo ihre Stärken sind!"

„Ich würde sie gern einmal sehen", sagte Stefan, der eine Weile ruhig dagesessen hatte. „Aber das wäre wohl keine gute Idee, wenn ich mich da draußen sehen lasse. Lars könnte es falsch verstehen!"

Nun war es wieder da. Das Gefühl, daß ihre beiden Leben nicht miteinander zu vereinen waren. Und schon spürte Carin auch wieder diesen Kloß in der Kehle.

„Du mußt einfach etwas Geduld haben, Stefan", sagte die Mutter sanft. „Auch in diesem Fall müssen wir es ruhig angehen lassen. Es wird sich sicher bald eine Möglichkeit ergeben."

Stefan wechselte das Thema. „Ich finde, wir könnten morgen zum Badehaus fahren. Die haben doch eine Super-Rutschbahn da! Was meint ihr?"

„Ja!" schrie Kim und kippte seine Teetasse über den Tisch.

Alle fuhren auf und versuchten, das Tischtuch vor dem Ruin zu retten.

Die Wochen vergingen in rasender Fahrt. Carin trainierte eifrig mit Friolina. Meistens ging es sehr gut. Dann wieder klappte überhaupt nichts. Carin versuchte, das zu verstehen. Das Pony war schließlich kein Automat. Sie selbst fühlte sich ja auch nicht immer gut aufgelegt, warum dann also Lina?

Birgitta war einige Male gekommen, um ihr Unterricht zu geben. Carin hatte mit ihrem Taschengeld bezahlen wollen, doch Birgitta wollte nichts davon wissen.

„Du hast so viel für uns getan, Carin! Das reicht noch für viele Stunden."

Carin hatte protestiert, aber Birgitta blieb fest.

Eines Tages, als Nina mitgekommen war, schleppten sie

einige dicke Stangen herbei, die hinter der Scheune gelegen hatten. „Heute wollen wir ein bißchen Cavaletti-Springen probieren. Und vielleicht noch ein paar andere niedrige Hindernisse", Birgitta zwinkerte Carin zu.

„Wie aufgeregt ich auf einmal bin!" sagte Carin und nahm die Zügel automatisch kürzer. Friolina schlug unwillig mit dem Kopf.

„Es wird bestimmt gutgehen", sagte Nina. Sie fror und hüpfte auf der Stelle, um sich warm zu halten.

Lina schritt über die Cavaletti-Stangen, als ob sie in ihrem Leben nie etwas anderes gemacht hätte. Den Schweif aufgestellt, ging sie mit schwebenden Schritten.

Birgitta stieß einen Begeisterungsruf aus. „Dieses Pony ist eine Perle, Carin! Weißt du was? Ich glaube, deine Friolina könnte ein richtig gutes Springpferd werden. Laß es am Anfang langsam angehen, damit sie keinen Zwang empfindet und die Lust am Training behält. Das ist ganz wichtig!"

Es begann, spannend zu werden. Carin war glücklich und traurig zugleich. Sie war sich gar nicht sicher, ob sie ein „begabtes Springpferd" haben wollte. „Papa würde ein einfaches Freizeitpferd gut finden!" sagte sie leise.

„Blödsinn!" erwiderte Birgitta und warf den Kopf in den Nacken. „Gerade mit dir könnte sie weit kommen. Ihr seid wie füreinander geschaffen. Sie vertraut dir, das spürt man!"

„Aber, Mama, Carins Vater will ..." begann Nina.

„Um deinen Vater werde ich mich schon kümmern, Carin!" unterbrach Birgitta sie. „Ich hatte mir nämlich überlegt, daß du Ende Mai bei einem Trainingsturnier dabei sein solltest."

Gegen Carins Willen kribbelte es in ihrem Magen. Doch sie kannte die Einstellung ihres Vaters. Er würde

8 10126-9

sich nicht um Birgittas Ideen und Vorschläge kümmern.

Nina und Birgitta bauten zusammen an der einen Längsseite ein niedriges Hindernis auf. Zwei Plastikkanister mußten als Stütze für den Balken dienen.

Lina näherte sich, ohne zu zögern. Neugierig spitzte sie die Ohren und versammelte sich zu einem Sprung. Das Pony flog in einem weiten Sprung über die Latte.

Nina und Birgitta waren begeistert.

Birgitta sagte: „Was für ein Pferd, Carin! Ob du willst oder nicht, es ist das geborene Springpferd, das du da im Stall hast. Hast du gesehen, oder besser gesagt, hast du gefühlt, wie sie über das Hindernis geflogen ist? Ihr ist das Springen angeboren! Und ohne zu zögern, ohne Angst. Einfach traumhaft!"

Carin brach in Tränen aus. Sie konnte einfach nicht anders, als sich von ihren Gefühlen mitreißen zu lassen.

„Meine Lina!" flüsterte sie und schlang die Arme um den Hals des Ponys. „Meine liebe Lina!"

Später im Stall sah Birgitta Friolina aufmerksam an. Dann nickte sie beifällig. „Sie springt phantastisch!"

„Ich habe es gefühlt", sagte Carin leise. Und sie dachte: Ich glaube, sie tut es auch mir zuliebe! Aber das sagte sie nicht laut.

„Du darfst nicht vergessen, daß sie immer noch ziemlich jung ist. Nur zu schnell werden junge Pferde verschlissen".

„Wie sollte ich das vergessen können? Ich bin doch so besorgt um sie!" erwiderte Carin.

Birgitta wandte sich wieder Carin zu, die das Gebiß gespült hatte und mit einem Tuch abtrocknete.

„Es ist wirklich schade, daß..."

„Red nicht mehr davon", bat Carin. Sie wollte jetzt nicht über Turniere reden.

„Was habe ich dir gesagt?" flüsterte Nina hinter ihr. „Bald bist du mit in der Mannschaft."

„Hör auf!" Carin rannte mit der Trense in der Hand in die Sattelkammer.

Als Nina ihr nachgehen wollte, hielt Birgitta sie zurück. Sie verstand, daß Ninas Eifer und ihr Drängen eine Belastung für Carin war. Auch sie war ein Kind geschiedener Eltern und wußte, daß es nicht leicht war, sich gegen das Elternteil durchzusetzen, das einem „geblieben" war.

Carin kam zurück und ging zu Friolina in die Box. Die Stute stupste sie mit der Nase an. Na, wo ist der Apfel? sollte das heißen.

Carin lachte und nahm einen Apfel aus der Jackentasche. Die kleine Stute fraß den Apfel mit Genuß. Carin streichelte die feine Mähne, ehe sie den Stall verließen.

Sie begleitete Nina und Birgitta zum Auto. Im gleichen Moment kam der Vater mit dem Wagen nach Hause. Er grüßte kurz in Birgittas Richtung. Carin verkrampfte die Hände ineinander. Konnte er nicht ein bißchen freundlicher zu ihren Freunden sein? Nina war schließlich ihre beste Freundin. Was sollte Birgitta denken?

Das Auto rollte davon. Lars kam und legte den Arm um Carin. Doch Carin wich aus und ging vor ihm durch das Tor.

„Was ist los?“ fragte er erstaunt.

„Kannst du nicht ein bißchen netter zu meinen Freunden und deren Eltern sein? Ninas Mutter hat mir schließlich eine Unterrichtsstunde mit Lina gegeben. Gratis!“

„Tut mir leid, Carin. Ich bin einfach müde.“

„Du bist im Moment andauernd müde!“ Carin pfefferte ihre Jacke in die Diele und warf sich aufs Küchensofa.

„Kannst du nicht begreifen, daß ich bei den Sachen, die die anderen machen, auch gern dabei sein würde? Keine meiner Freundinnen gibt sich damit zufrieden, nur im Wald zu reiten!“ Carin fürchtete sich fast vor ihrer eigenen Wut. Sie sprudelte richtig in ihr hoch.

„Aber Carin, ich habe dir mit dem Pferd viel geholfen“, wandte der Vater ein.

„Sicher, aber von der Dressur hast du nicht so viel Ahnung wie Birgitta. Ich brauche einen Lehrer, der mir weiterhelfen kann. Lina ist kein Arbeitspferd, so wie Tore!“

„Nein, und das ist auch völlig in Ordnung. Das wußten wir ja von Anfang an. Aber du regst dich ein bißchen zu sehr auf. Ich finde, du bist ziemlich undankbar!"

Das war völlig danebengegangen! Carin verstand, daß sie auf diese Weise niemals etwas erreichen würde. Noch niemals hatte sie ihren Vater so angeschrien. Sie lief aus der Küche und verschwand in ihrem Zimmer. Dort warf sie sich auf das Bett und weinte. Sie war nicht undankbar, im Gegenteil! Aber er war so furchtbar starrköpfig. Er wollte Friolina als Pferd zum Spazierenreiten, während alle um sie herum davon sprachen, wie begabt sie fürs Springen war. Das war ungerecht. Wenn sie doch nur all diese Kommentare nicht hören müßte! Es wäre das beste, wenn Birgitta gar nicht mehr herkäme.

Vorsichtig öffnete sich die Tür. Carin hörte, wie der Vater hereinkam und an der Bettkante stehenblieb. Puck war bei ihm. Der Hund versuchte, sie abzuschlecken, aber sie drehte das Gesicht weg.

Die Stimme des Vaters klang reumütig. „Kind, ich hab's nicht so gemeint, wie ich das gesagt habe ... Ich verstehe, daß du mehr Unterstützung mit Lina brauchst, jetzt wo sie angefangen hat, so gut mitzuarbeiten!" Er legte Carin die Hand auf die Schulter, doch Carin wandte sich nicht um. „Kannst du mir nicht erzählen, was du mit Lina weiter vorhast? Ich sehe ja ein, daß ich jetzt, da ich A gesagt habe, auch B sagen muß. Ich bin nicht gegen dich, versteh das doch!"

Carin lag da und kämpfte mit sich selbst. Es tat ihr im Herzen weh, als sie hörte, wie traurig er klang. Langsam drehte sie sich auf dem Bett um. Der Vater setzte sich auf die Bettkante. Puck rollte sich neben seinen Füßen zusammen. Lars grub die Hände in das lockige Fell des Hundes und sah Carin abwartend an.

„Ich möchte im Sommer an einem Trainingsturnier teilnehmen!" Carin schrie die Worte fast heraus, so als ob sie Angst hätte, sie auszusprechen.

Ein Schatten legte sich über das Gesicht des Vaters. Sie sah, wie seine Kieferknochen arbeiteten.

„Was ist das?" fragte er schließlich. Er gab sich Mühe, nicht gleich dagegen zu sein, das hörte Carin.

„Es ist ungefähr wie ein Examen für Lina und mich. Nach all der Arbeit, die wir miteinander hatten. Und dann möchte ich noch ein paar Reitstunden bei Birgitta haben ... Du hast ja gefragt, was ich möchte", sagte sie leise, als er nicht antwortete.

„Wird das alles nicht zuviel für Friolina?"

„Nicht, wenn wir bis zum Sommer in einem ruhigen Tempo weitermachen. Das sagt jedenfalls Birgitta. Und dann, nach dem Trainingsturnier, kann sie mindestens einen Monat ausruhen."

„Birgitta hat ihre eigenen Ansichten von Training", sagte Lars, hielt aber sogleich inne, als er Carins Gesichtsausdruck sah.

„Papa, es ist viel schöner für mich, wenn du einverstanden bist!" Carin legte den Kopf schräg. „Es sind doch nur ganz niedrige Hindernisse. Und wir überfordern Lina nicht, das kannst du mir glauben!"

„Na schön!" seufzte er und strich ihr über die Haare. „Aber für diesen Unterricht mußt du von deinem Taschengeld was zuschießen!"

„Na klar! Aber bisher mußte ich ja noch nichts bezahlen!"

„Gut, jetzt komm mit runter, dann machen wir uns etwas zu essen. Lena kommt heute erst später nach Hause." Er nahm Carin bei der Hand, wie früher, als sie noch klein war. Zusammen gingen sie die Treppe hinunter. Puck folgte ihnen dicht auf den Fersen.

Carin war sehr erleichtert. Er hatte sich damit einverstanden erklärt! Sicher widerwillig, aber er hatte zugestimmt. Jetzt hieß es, sich bis zum Sommer Mühe zu geben und regelmäßig zu trainieren.

Nina und Carin hockten zusammengekauert auf Carins Bett und unterhielten sich. Sie aßen Käsechips aus einer großen Tüte, die zwischen ihnen lag.

Gerade waren sie von einem Ausritt mit Tore und Lina heimgekehrt. Es hatte sehr gut geklappt. Nina war fast wieder die alte. Ein Monat war vergangen, seit sie den Gips losgeworden war.

„Jetzt hast du dich an Tores breiten Rücken gewöhnt", meinte Carin. „Und bald ist wieder Zeit für Caruso."

„Ja, jetzt habe ich ein richtig gutes Gefühl. Vielleicht probiere ich es morgen einmal mit Caruso ... Ich glaube fast, daß er darauf wartet!"

„Laß deine Schwester ihn zuerst reiten, damit er nicht zu übermütig ist", sagte Carin und lächelte. „Ich glaube, das wird klappen!"

„Ich muß sehen, wie ich mich morgen fühle ..." sagte Nina ausweichend.

„Weißt du was, Nina, Papa ist einverstanden! Ich kann im Mai beim Trainingsturnier dabei sein!"

„Das ist ja toll! Bestimmt bist du im nächsten Jahr mit in der Mannschaft."

„Das werden wir sehen. Ich bin schon froh, wenn ich beim Training gut mitkomme!"

„Klar tust du das! Friolina ist doch in guter Form!" Nina galoppierte mit den Fingern über die Chipstüte. Sie mußten beide lachen. „Übrigens", fuhr Nina fort, „ich hab mir überlegt, trotzdem im Chor zu bleiben, auch wenn ich wieder anfange zu reiten."

„Gut! Es macht viel mehr Spaß, wenn du dabei bist!"

„Am Freitag ist in der Schule Disco. Gehst du mit hin?" fragte Nina.

„Weiß nicht!" Carin war nicht sicher. „Die Jungs sind zwar blöd, aber es wäre vielleicht ganz witzig. Tobias und Jimmy gehen ja noch, aber die anderen!"

Sie kicherten wieder. Gemeinsam gingen sie die Jungen aus ihrer Klasse und der Parallelklasse durch. Ihre Hausaufgaben vergaßen sie dabei, bis Lena kam und sie daran erinnerte. Da vertieften sie sich tief seufzend wieder in ihre Mathebücher. Draußen vor dem Fenster senkte sich langsam die Dunkelheit herab.

An diesem Abend lag Carin lange wach und dachte an ihre Mutter. Vielleicht würden Gunilla und Stefan zum Trainingsturnier kommen. Es war an einem Samstag. Sie wollte es ihnen vorschlagen, wenn sie das nächste Mal zu ihnen fuhr.

Puck stieß mit der Schnauze die Tür auf, hüpfte auf ihr Bett und kringelte sich in ihrer Kniebeuge zusammen. Das war ihr Geheimnis. Wenn niemand es sah, kam er in Carins Zimmer, obwohl er seinen Korb in der Diele hatte.

Der Frühling kam, die Tage wurden länger. An den Tagen, an denen ihr Vater sie begleiten konnte, machte Carin herrliche Ausritte mit Friolina. An zwei Tagen in der Woche bekam sie bei Birgitta Unterricht. Die Kosten teilte sie sich mit ihrem Vater, doch die ersten zehn Male ritt sie umsonst.

Lenas Bauch rundete sich allmählich. Heimlich betrachtete Carin sie manchmal. Lena schien sehr glücklich zu sein, doch sie arbeitete nun nicht mehr so viel. Oft lag sie da und ruhte sich aus, wenn Carin heimkam.

Lars war sehr um Lena besorgt. Dann und wann passierte es, daß Carin sich ausgeschlossen fühlte. Doch sie verstand auch, daß es wohl so sein mußte. Zumindest konnte sie es nicht ändern. Wenn die beiden dann bemerkten, daß Carin auch noch da war, waren sie beide besonders lieb zu ihr.

„Jetzt schon ein Kind!“ hatte Gunilla gesagt, als Carin ihr schließlich von dem Baby erzählt hatte.

„Sie sind schon seit zwei Jahren zusammen“, wandte Carin ein.

„Na ja, trotzdem!“ Doch dann hatte die Mutter nichts mehr gesagt, sondern Carin in die Arme genommen.

Kim hatte die Neuigkeit erstaunlich ruhig aufgenommen. „Mama wird auf jeden Fall kein neues Baby bekommen“, hatte er zu Carin gesagt.

„Wer weiß? Vielleicht möchten Stefan und Mama auch ein Kind zusammen haben“, Carin lachte.

„Niemals!“ sagte Kim bestimmt. „Das erlaube ich ihr nicht!“

Friolina wuchs sich zu einem bildhübschen Pony aus. Ihr Fell glänzte, jetzt, da sie den Winterpelz verloren hatte; Mähne und Schweif waren dicht und seidig; der edle kleine Kopf mit den leuchtenden Augen beeindruckte alle.

Carin hatte durchgesetzt, daß Lina Vitamine, Zusatzfutter und Mash bekam, obwohl der Vater zuerst meinte, daß sich die Stute auch mit Heu begnügen könnte. Lina arbeitete schließlich nicht. Darüber stritten sie manches

Mal. Denn natürlich arbeitete Lina, und wie! Warum wollte er das nicht einsehen!

Carin setzte sich auf den Deckel der Haferkiste und hörte den Kaugeräuschen der beiden Pferde zu. Leise kam die Katze Lisa und rollte sich auf Carins Schoß zusammen. Sie schnurrte laut und kratzte mit den Vorderpfoten an Carins Hosenbeinen. Wie schön es hier war, mit all den Tieren, dachte Carin. Hierher konnte sie immer gehen, wenn sie sich müde oder traurig fühlte. Fast immer war es dann nach einer Weile vergangen. Die Tiere strahlten eine Harmonie aus, die sie tröstete. Wenn es mit dem neuen Baby zu anstrengend werden würde, könnte sie immer hierher in den Stall kommen. Das war ein gutes Gefühl.

Sie saß so lange, daß ihr die Beine einschliefen. Als sie vorsichtig aufstand, kribbelte es ihr in den Füßen. Lisa sprang beleidigt auf den Boden. Bussi war nicht zu sehen. Carin rief Puck. Von der Stalltür aus machten sie ein Wettrennen bis zur Haustür. Puck gewann.

Nun waren es nur noch drei Wochen bis zum Training, dachte Carin, als sie dem Hund die Pfoten mit einem Handtuch abtrocknete.

Es war ein komischer Morgen. Die Wolken waren schwer und hingen dicht über dem Hausdach. Sicher würde es bald anfangen zu regnen. Carin kletterte aus dem warmen Bett und ging zum Fenster. Heute wollte sie mit Friolina zu Nina hinüber, um mit größeren Hindernissen zu trainieren. Lina war noch nie über ein richtiges Bodenrick gesprungen.

Um zehn Uhr wollten Birgitta und Nina sie abholen. Carin hatte noch genug Zeit. Schnell zog sie sich an. Puck stand da, er sah sie an und wedelte erwartungsvoll mit dem Schwanz.

„Du kannst mitkommen", Carin streichelte dem begeistert hechelnden Hund über den Kopf. Puck konnte es natürlich wieder nicht lassen, Carin einen Strumpf zu stibitzen. Es donnerte richtig unter seinen Pfoten, als er vor Carin die Treppe hinunterrannte. Aus Papas und Lenas Zimmer war kein Laut zu hören. Sie würden sicher noch eine ganze Weile schlafen.

Lars hatte den Ofen bereits am Abend vorbereitet. Carin brauchte das Feuer nur noch mit einem Streichholz anzuzünden. Bald brannte ein helles Feuer, die Wärme breitete sich schnell aus.

Carin nahm sich die Zeit, ein Butterbrot zu essen, ein

zweites bekam Puck. Dann zog sie sich ihren Stalloverall an und ging zu den Tieren hinaus.

Tore blinzelte erstaunt, daß sie so früh kam, doch Lina wieherte erwartungsvoll. Carin legte den Pferden das duftende lockere Heu hin und begann dann auszumisten. Die Jungbullen versorgte Lars.

Die Katze Lisa setzte sich auf die Kante der Boxenwand und sah Carin interessiert zu.

Als der Stall sauber und Friolina frisch geputzt war, wartete Carin mit Puck vor dem Gatter, bis Birgitta und Nina kamen. Der Transporter ruckelte und schwankte über den Kiesweg. Carin spürte, wie es in ihrem Magen kribbelte, als sie den Wagen sah. Sie waren gekommen, um sie und Friolina abzuholen! Jetzt würde sich zeigen, ob Friolina überhaupt in den Transporter gehen würde!

Birgitta parkte den Wagen rückwärts vor dem Stall, und schon sprang Nina aus dem Auto. Puck fiel über sie her und begrüßte sie begeistert.

„Und wenn sie jetzt nicht in den Hänger geht?“ Carins Stimme zitterte.

„Das glaube ich nicht“, beruhigte Birgitta sie. „Bisher habe ich noch nichts bemerkt, wovor dieses Pferd Angst hat. Es wird schon klappen! Wir haben schon oft schwierige Pferde in den Hänger gekriegt. Geduld haben ist alles!“

Gemeinsam legten Nina und Carin der Stute Beinschützer an, feste Bandagen mit einer Watteschicht darunter. Nina machte das gekonnt: Transportbandagen durften nicht zu fest und nicht zu locker sitzen. Nina hatte Carusos Ausrüstung mitgebracht. Friolina tänzelte auf der Stallgasse und hob die Hufe höher und höher. Was hat das alles zu bedeuten? schien sie zu fragen. Das Pony warf die Vorderbeine, wie um die Bandagen loszuwerden. Doch sie beruhigte sich, als sie lange daran schnuppern konnte. Als Carin die Stute hinausführte, ging sie steifbeinig mit. Birgitta und Nina lachten, als Friolina auskeilte, um die Transportbandagen abzuschütteln.

„Geh und hol ein bißchen Hafer", bat Birgitta ihre Tochter. „Falls sie Schwierigkeiten machen sollte!"

Carin gab sich Mühe, ihre Nervosität nicht auf das Pferd zu übertragen. Entschlossen ging sie auf den Transporter zu. Die ganze Zeit war sie darauf gefaßt, daß Lina sich weigern würde. Doch nichts dergleichen! Die Stute sah den großen, weißen Pferdetransporter nur kurz an. Carin ließ sie an der Rampe schnuppern, doch die Stute zeigte kein besonderes Interesse.

Langsam führte Carin das Pony um den Anhänger herum und näherte sich der Klappe. Innerlich gespannt, aber äußerlich ganz ruhig ging Carin weiter. Sie hielt den Anbindestrick fest, aber Friolina ging ganz selbstverständlich mit. Birgitta und Nina standen seitlich der Rampe, aber Friolina ging mit gespitzten Ohren direkt auf die Öffnung zu. Sie zögerte nicht einmal, als der Vorderhuf auf der Rampe auftraf und diese ein wenig nachgab. Sie ging ruhig und zügig in den Transporter hinein. So als hätte sie nie etwas anderes getan.

„Was hab ich dir gesagt?" sagte Birgitta befriedigt. Carin strahlte. Sie stand vor Lina im Hänger und war so glücklich, daß sie kaum den Anbindestrick befestigen konnte. Leise sprach sie mit ihrem Pony, und Friolina schien genau zuzuhören. Wie so oft hatte Carin das Gefühl, daß die kleine Stute alles verstand, was sie sagte.

„Das ging ja alles wie von selbst", hörte Carin die Stimme ihres Vaters. Er war gekommen, um zu helfen, die schwere Klappe zu schließen.

„So etwas hat sie bestimmt früher schon gemacht", sagte

Birgitta voller Überzeugung. „Sie kennt das Verladen. Und die, die ihr das beigebracht haben, haben es gut gemacht. Das beste, was man machen kann, ist, die Fohlen spielerisch an den Transporter zu gewöhnen."

Nina hatte die Ausrüstung inzwischen im Auto verstaut, sie waren zur Abfahrt bereit.

„Wenn alles klappt, dann bringe ich die beiden schon heute abend zurück, sonst würde ich sie gern bis morgen bei uns behalten", sagte Birgitta zu Lars. „Ginge das für Sie in Ordnung?"

„Aber ja", sagte Lars etwas verlegen. „Es ist sehr nett von Ihnen, daß Sie Carin mit allem helfen!"

„Es macht einfach Spaß. Carin hat so viel für Nina und für uns getan", erklärte Birgitta und stieg in den Wagen.

Nina und Carin saßen bereits auf dem Rücksitz. Carin winkte ihrem Vater zu, als das Auto davonfuhr. Hatte er nicht ein wenig enttäuscht ausgesehen?

Carin war nervös, als sie Friolina in der fremden Stallgasse aufzäumte. Die Stute spürte das und warf unruhig den Kopf, so daß Carin einige Zeit brauchte, um sie zu beruhigen. Schrill wieherte das Pony und sah sich wie suchend um. Es war das erste Mal, daß sie von ihrem Freund Tore getrennt war.

Ich hätte öfter mit ihr üben sollen, allein zu sein, dachte Carin verzweifelt. Schon lange hatte Friolina nicht mehr so gewiehert.

Endlich gelang es ihr, den Sattelgurt zu verschnallen, dann führte Carin ihr Pony hinaus.

Auf dem Abreiteplatz waren Nina und Caruso bereits damit beschäftigt, ihre Runden zu gehen. Caruso schritt munter aus, und Nina strahlte. „Du kannst dir nicht vorstellen, wie froh ich bin!" rief Nina ihrer Freundin zu.

„Ich hab's dir ja gesagt", sagte Carin und führte Friolina auf den Platz.

Doch Lina wollte Caruso unbedingt begrüßen und zog Carin ganz einfach zu ihm hinüber. Nase an Nase standen die beiden Ponys da!"

„Komm jetzt!" befahl Carin endlich.

Friolina schnupperte ein letztes Mal an Carusos Hals und stand dann brav und still, als Carin aufsaß.

Wie schön das wäre, solche Hindernisse daheim zu haben, dachte Carin fast ein bißchen neidisch, als sie alle die frisch lackierten und geputzten Hindernisse auf dem Reitplatz sah.

Birgitta begann damit, sie ein paar Runden um die Hindernisse gehen zu lassen. Dann mußten sie über einige niedrige Balken springen, um zu sehen, wie Friolina reagierte. Nina kam mit der roten Startflagge und schwenkte sie, damit Lina sich daran gewöhnte.

Carins Wangen glühten. Friolina nahm ihre Hilfen willig an, sie schien sich auch vor den neuen Hindernissen nicht zu fürchten und war ein bißchen nervös.

Während Nina und Birgitta eine kleine Bahn aufbauten, durften Carin und Friolina sich etwas ausruhen. Mit der Mauer wartete Birgitta bis zuletzt, die war noch nicht dran.

Carin lernte die Bahn auswendig und mußte dann damit anfangen, daß sie an Nina mit der Flagge vorbeiritt.

„Nicht so schnell!" mahnte Birgitta, als Lina in die Bahn stürmte. „Du mußt sie lenken können, sonst verlierst du die Kontrolle. Sie ist ein Pony, das es zu den Hindernissen hinzieht. Du bist es, die das Tempo angibt!"

Eine halbe Stunde später war Carin außer Atem, aber Friolina schien kein bißchen müde zu sein.

„Jetzt lassen wir es gutsein", sagte Birgitta endlich. „Aber es wäre wohl doch am besten, wenn du bis morgen bleiben würdest. Wir haben heute nicht alle Übungen geschafft. Auf jeden Fall ist Lina nicht die Spur scheu vor Hindernissen!"

Das will ich meinen, dachte Carin und rieb sich die schmerzenden Hände. Es galt fast, Lina daran zu hindern, alle Hindernisse auf einmal zu nehmen - so springfreudig war sie.

Nina führte Friolina am Zügel, und Carin ging mit zitternden Knien hinterher. Es war anstrengend gewesen, aber auch schön. Und Lina ist das beste Pony der Welt, dachte sie.

9 10126-9

Sie saßen alle vier im Wohnzimmer vor dem Kaminfeuer. Kim und sein Vater spielten mit Lego. Lena strickte ein Babyjäckchen, und Carin flocht ein Stirnband für Friolina. Sie hatten es richtig gemütlich, und alles wäre wunderbar gewesen, wenn Carin nicht das Bedürfnis gehabt hätte, unbedingt über Samstag zu sprechen. Es fiel ihr so schwer, weil sie wußte, daß ihr Vater die ganze „Turniergeschichte" mißbilligte. Deshalb hüpften ihr die Wörter auch hastig und überstürzt aus dem Mund, als sie endlich all ihren Mut zusammennahm. „Wie soll das nun am Samstag gehen, Papa?"

Der Vater sah vom Boden auf, er hatte einen Legostein im Mund. Er nahm ihn heraus und schaute Carin fragend an. „Was ist denn am Samstag?"

Carin fühlte, wie wütend sie wurde. Bis zu den Ohrläppchen wurde sie rot. Er konnte sich nicht einmal daran erinnern, daß sie am Samstag auf das Trainingsturnier wollte! Jetzt würde es wieder eine Auseinandersetzung geben, das wußte sie.

„Wie soll ich am Samstag zu dem Turnier kommen?" fuhr sie ihn an, obwohl sie versuchte, so ruhig wie möglich zu bleiben.

„Ach so, das ist am Samstag. Verdammt noch mal! Ich

dachte, es wäre erst am nächsten Samstag. Tja ... hast du selbst einen Vorschlag?"

„Ja! Stefan hat mir versprochen zu fahren, wenn du nicht kannst!" erklärte Carin. Sie ärgerte sich, gleich nachdem sie es gesagt hatte. Sie merkte, daß Lena sie ansah.

„Wer zum Teufel ist Stefan?" wollte der Vater wissen und warf den Legostein mit einem Knall in die Kiste.

„Mamas neuer Freund", sagte Carin mit schwacher Stimme. „Er könnte in der Stadt einen Anhänger besorgen, sagt er. Und fahren kann er den auch!"

„Das ist ja eine Frechheit!" sagte Lars mit donnernder Stimme. „Als ob ich nicht selbst dafür sorgen könnte, daß meine Tochter zu einem Turnier kommt! Der braucht nicht zu kommen und sich einzumischen!"

„Aber Lars!" sagte Lena. „Jetzt beruhige dich doch! Carin will doch nur wissen, wie sie da hinkommt."

„Warum zieht sie dann diesen Kerl mit hinein?" brummte der Vater, doch nun in bedeutend ruhigerem Ton. „Wie steht es mit Ninas Familie? Werden die ihren Transporter brauchen?"

„Ninas Schwester wird beim Springen mitreiten, also können die mir nicht helfen. Bei der Tankstelle gibt es Pferdeanhänger zu mieten. Aber ob so kurzfristig noch einer frei ist, weiß ich nicht!"

Lars hielt einen Moment inne und dachte nach. Plötzlich sah er ein, daß dies keine einmalige Sache bleiben würde. Dies war offenbar nur der Anfang von etwas Neuem, das er nicht hatte akzeptieren wollen. Doch er hatte sein Versprechen gegeben. „Ich rufe sofort an!" erklärte er und verschwand in der Küche.

„Das mit Stefan war unnötig", flüsterte Lena Carin zu.

„Ich weiß. Aber ich werde immer so wütend auf ihn, wenn er alles ablehnt. Er weiß schließlich seit fast drei

Monaten von dem Springen. Lina und ich können ja nicht dahin fliegen."

„Ja, aber du mußt nicht immer so ungeduldig sein. Schließlich tut er am Ende doch immer alles für dich. Übrigens, werden Gunilla und Stefan auch kommen?"

„Ich glaube schon. Aber man kann nie wissen. Es ist das beste, sich nicht fest darauf zu verlassen."

„Wir kommen bestimmt! Wir wollen nämlich auf dem Heimweg nach Go-Carts gucken!" rief Kim und machte mit seinem Lego-Flugzeug einen Probeflug durch die Luft.

„Wenn es Lars gelingt, einen Anhänger zu besorgen, dann fahre ich dich", sagte Lena und legte Carin die Hand auf den Arm. „In meinem ersten Job habe ich gelernt, einen Pferdetransporter zu fahren."

Carin umarmte sie so stürmisch, daß das Wollknäuel über den Boden bis zu Kim kullerte. Lena war wirklich eine Freundin! Es wäre schön, wenn sie dabeisein könnte. Sie mochte Pferde. Doch am allerbesten würde es sein, wenn Papa kommen würde, und zwar gern, um ihr und Lina zuzusehen.

Am Ende der Woche fiel es Carin schwer, sich in der Schule zu konzentrieren. Dabei war doch gar nichts Besonderes an einem kleinen Trainingsturnier. Doch es war trotzdem so spannend!

Die Lehrerin mußte ihr alles dreimal erklären. In den Pausen saß Carin mit Nina im Baum, und sie redeten über Pferde. Es war ihnen klar, daß sie im nächsten Jahr sicher zu groß waren, um noch hier auf ihrem Lieblingsast zu sitzen. Deshalb saßen sie nun beinahe in jeder Pause dort oben. Einmal konnte man hier oben in der Luft gut nachdenken, zum anderen konnten sie alles sehen, was unten passierte.

Die Jungen ärgerten sie und nannten sie „die Elstern". Aber darum kümmerten sie sich nicht. Eigentlich waren die Jungen ganz nett. Beim letzten Schulfest waren sie richtig zuvorkommend gewesen. Nicht so überheblich wie sonst, sondern wirklich ganz lieb.

Carin fragte sich, was geschehen war. Tobias mit seinem schwarzen Haar und den blitzenden Augen war natürlich am meisten umschwärmt. Er sah einfach toll aus. Alle Mädchen außer Carin und Nina versuchten, mit ihm zu flirten. Carin hatte sich gewundert, wie ihre Freundinnen sich allmählich verändert hatten. Nein, noch interessierte sie sich nicht richtig für Jungen. Doch Tobias hatte sie tatsächlich gefragt, ob er einmal zu ihr kommen dürfte: Er würde gerne einmal reiten! Wenn das die anderen Mädchen wüßten! Doch Carin hatte es nicht einmal Nina erzählt. Sie kicherte bei dem Gedanken.

Am Donnerstag abend rief Carin ihre Mutter an. Gunillas Stimme klang fröhlich am Telefon. Im Hintergrund hörte Carin Kim mit seinem ferngesteuerten Auto spielen. Sie fühlte immer noch diese Leere, seitdem Kim fort war. Sie vermißte sein Lachen und den wuscheligen Haarschopf, der unter der Bettdecke hervorlugte, wenn sie ihn morgens weckte. Dann hatten sie immer noch eine Weile mit Puck zusammengehockt und gefaulenzt, ehe sie sich anzogen. Jetzt saß sie morgens mit Puck allein da, und Kims Bett sah leer und ordentlich aus.

Aber ja, sagte Gunilla. Sie und Stefan und Kim würden am Samstag kommen. Carin beschrieb ihr den Weg, so gut sie konnte. An der Seitenstraße würde bestimmt ein Hinweisschild sein. Die Mutter wiederholte und notierte, was Carin sagte. „Wie kommst du hin, Schatz?" fragte sie.

„Papa hat einen Anhänger gemietet. Lena fährt mich!" antwortete Carin.

„Aha, schön, daß es sich geregelt hat. Du hattest dir wohl deswegen schon Sorgen gemacht?“ Die Stimme der Mutter klang ein wenig sonderbar. Vielleicht war es gar nicht so lustig für sie, Lena zu treffen, überlegte Carin. Und ihr war, als ob sie anfangen würde zu weinen, obwohl eigentlich gar nichts Trauriges daran war. Doch manchmal, wenn sie mit ihrer Mutter sprach, war ihr so jämmerlich zumute. Sie würde die Trennung der Eltern niemals überwinden, das wußte sie.

„Ist alles in Ordnung, Carin?“ Gunilla spürte ihre Gefühle ganz genau.

„Ja klar“, antwortete Carin schnell und gab sich Mühe, mit fester Stimme zu reden.

„Gut!“ sagte die Mutter, klang aber nicht richtig überzeugt. „Wir sehen uns am Samstag!“

Am Freitag ging Carin noch einmal alles durch, was sie am Tag darauf mitnehmen mußte. Sie nahm sich Sattel- und Zaumzeug vor, putzte alles, bis es glänzte.

„Jetzt schmier nicht so viel Fett drauf, daß du am Sattel festklebst“, neckte Lena sie. „Er könnte wirklich nicht schöner aussehen!“

„Ach, ich weiß, daß ich übertreibe, aber es ist einfach toll, wenn die Sachen gut aussehen. Hast du mir die Reitjacke fertiggemacht?“

„Die ist fertig. Hängt an der Garderobe. Ich habe nur ein paar verdeckte Stiche genäht, damit man sie leicht wieder auftrennen kann.“

„Das ist lieb von dir“, sagte Carin und rieb das Gebiß mit einem sauberen Tuch ab.

Sie hatte sich Reithosen und Reitjacke von Nina leihen dürfen. Gebrauchte Reitstiefel hatte Lena ihr besorgt. Carin hatte sich überlegt, daß sie sich Reitkleidung zum

Geburtstag wünschen wollte.

Als sie abends im Bett lag, wiederholte sie zum hundertsten Mal in Gedanken, woran sie denken mußte. Mit einem Mal merkte sie, wie aufgeregt sie war. Wie sollte sie einschlafen können, wenn sie so unruhig war? Sie überlegte, ob sie noch einmal in den Stall zu Friolina gehen sollte. Doch die Pferde brauchten jetzt auch ihre Ruhe.

Rastlos wälzte sie sich im Bett herum. Bis schließlich Puck kam und sich in ihre Beinkuhle legte. Die Wärme, die von seinem Körper ausging, wirkte beruhigend. Carin versank in einem Wirrwarr von Gedanken an Pferde, bemalte Holzbalken und Bodenricks.

Carin erwachte eine halbe Stunde bevor der Wecker klingeln sollte. Sie hatte geträumt, daß sie die Rampe des Transporters heruntergeklappt hatte, und Lina war nicht darin gewesen! So ein blöder Traum! Natürlich würde ihr Pferd an so einem Tag ohne Schwierigkeiten aus dem Hänger gehen, so wie immer.

Sie zog sich in Windeseile an und nahm die Treppe in drei Sätzen. Wie gut, daß sie morgens meistens früh munter war. Puck folgte ihr; er kam in die Küche getrottet, als sie den Kakao schon auf dem Herd hatte.

Eine Viertelstunde später war sie im Stall. Im Hühnerhaus krähte der Hahn Sune. Er wollte ihr sagen, daß er sie gehört hatte. Carin ging mit ein paar Essensresten aus der Küche zum Hühnerhaus. Die Hennen sprangen ihr entgegen und machten sich über die Leckerbissen her. Carin streichelte Orpan sacht über den Rücken.

Dann putzte sie Friolina, bis ihr Fell wie frisch lackiert glänzte, und flocht ihr Mähne ein. Sie war fein und seidig, am Mähnenkamm war eine kleine aufgeriebene Stelle, wo sich das Pony immer an der Boxwand rieb. Den Schweif hatte Carin tags zuvor gewaschen. Den mußte sie jetzt noch bürsten.

Die Zeit verging rasch. Plötzlich rief Lena aus der

Küche, daß sie nun fahre, um den Anhänger zu holen. Carin legte alle Sachen vor die Stalltür neben ihren großen Beutel. Sie war nervös. Es war wie eine Prüfung, auch wenn es nur ein Spiel sein sollte, wie Birgitta gesagt hatte.

Der Vater kam heraus und half ihnen beim Verladen. Heimlich hatte Carin gehofft, daß er mitkommen würde. Doch Lars trug seine Stalljacke so wie immer, da verstand Carin.

Der Wagen rollte davon. Carin zupfte am Knopf ihrer Jacke immer und immer wieder. Lena plauderte ein wenig mit ihr, verstand aber, daß Carin sich nun konzentrieren wollte: So sprachen sie nicht mehr.

Es waren schon viele Leute gekommen. Überall waren Pferde, Kinder und Eltern. Einige Reiter führten ihre Pferde herum, andere waren beim Warmreiten oder Satteln. Lena parkte neben einem grünen Transporter. Friolinas Wiehern schallte aus dem Anhänger. Die Ponystute spürte die allgemeine Aufregung.

Carin schluckte.

„Vergiß nicht, daß dies nur ein Training ist“, flüsterte ihr Lena ins Ohr. „Und euch kann nichts passieren!“

Carin nickte und versuchte ein Lächeln. Dann führte sie Lina aus dem Transporter. Lena half ihr, das tänzelnde Pferd zu halten, während sie das Sattelzeug aus dem Kofferraum holte. Gut, daß Lena keine Angst vor Pferden hat, dachte Carin.

Ein wohlbekanntes Auto bog neben ihrem ein. Nina schnitt durch das Seitenfenster eine Grimasse. Carin war froh, daß sie gekommen war. Jetzt würde alles bestimmt nicht so schlimm werden.

Endlich war Friolina fertig. Birgitta kam und gab letzte Ratschläge vor dem Warmreiten, genau wie bei einem richtigen Turnier. Carin fragte sich, wie sie das alles im Kopf behalten sollte, wenn sie so durcheinander war wie jetzt. Papa brauchte sich gar nicht zu sorgen. Sie war kein Turniermensch.

Birgitta, Nina und Carin schritten die Bahn gemeinsam ab, während Lena bei Friolina blieb. Die Hindernisse waren niedrig und die Bahn leicht zu merken. Birgitta zeigte ihr, wo Carin ihr Pony parieren mußte, um richtig abzuspringen. Das schwierigste war, Lina daran zu hindern, an der falschen Stelle abzuspringen. Aber das lag nun an ihr, an der Reiterin.

Langsam strömten die Zuschauer herbei. Carin schaute nach ihrer Mutter und Stefan aus, konnte sie aber nicht entdecken.

Am Morgen war es bewölkt gewesen, doch nun bildete sich ein Riß in all dem Grau und die Sonne brach hindurch. Sogleich kam bei allen gute Laune auf. Man fühlte, daß der Sommer auf dem Weg war.

Lina war auf dem Warmreiteplatz ziemlich aufgekratzt. Carin hatte alle Mühe, selbst ruhig zu bleiben. Aber sie fühlte sich immer gleich besser, wenn sie endlich im Sattel saß. Dann gab es nur noch Friolina und sie. Und auf ihr Pony konnte sie sich verlassen.

Der Ansager begann, die Zuschauer zu begrüßen und den Ablauf des Springens zu erklären. Das Publikum versammelte sich um die Bahn. Carin hatte außer Lena immer noch niemanden von ihrer Familie entdeckt. Dann hatte sie unter Birgittas wachsamen Blicken alle Hände voll mit dem Warmreiten zu tun.

Drei Teilnehmer waren vor ihr. Carin versuchte zu beobachten, wie es für sie lief, doch Lina wollte nicht stillstehen und tänzelte unablässig.

Endlich waren sie an der Reihe! Friolina blieb vor dem

Einlaß wie angewurzelt stehen. Jetzt kommen wir noch nicht einmal vorschriftsmäßig rein! dachte Carin. Doch nachdem Lina einen Moment überlegt hatte, machte sie einen Riesensatz in die Bahn hinein. Das Publikum lachte.

Carin ritt zum Schiedsrichter und grüßte. Sie konnte ihr Pony kaum halten. Was war nur mit Lina los? So war sie doch sonst nicht! Der Schiedsrichter zögerte, die Glocke zu läuten. Carin redete verzweifelt auf die Stute ein und nahm fest die Zügel kurz, wie Birgitta es ihr gezeigt hatte. Doch darauf antwortete Lina mit kleinen Bocksprüngen, wie eine junge Ziege.

Carin wußte nicht, ob sie lachen oder weinen sollte. Lina kannte doch die Bahn! War sie so wild durch die vielen Zuschauer? Aber nachdem sie ein paar wilde Volten gelaufen war und sich die ganze Bahn angesehen hatte, beruhigte sie sich. Sie ging brav und begann, auf Carins Hilfen zu achten. Höflich begrüßte Carin den Kampfrichter noch einmal.

„Carin Hansson, bitte anreiten!“

Lina begann vor Ungeduld wieder zu tänzeln. Jetzt trieb Carin sie an, und schon waren sie auf dem Weg zum ersten Hindernis. Mit einem Mal verstand Carin, was Birgitta gemeint hatte. Dieses kleine Pferd war geboren, um zu springen! Friolina flog hoch über den Balken, und Carin hörte ein Raunen durch das Publikum gehen. Sie donnerten auf das zweite Hindernis zu. Es ging viel zu schnell.

„Langsamer, langsamer“, flüsterte Carin und parierte das Pony. Lina verminderte das Tempo ein wenig, warf aber den Kopf auf und war offensichtlich irritiert. Hier sollte doch gesprungen werden! Und sie wollte springen!

Sie überwanden ein Hindernis nach dem anderen, es ging alles wie im Traum. Carin wußte nicht, ob sie noch in der Zeit waren, und sie wußte nicht, wie sie abkamen und landeten. Sie wußte nur, daß sie flogen, flogen ...

Nun kam die Mauer. Schon waren sie hinüber. Nun waren nur noch zwei Hindernisse übrig. Carin konzentrierte sich voll auf ihr Pferd. Auch hier flog Friolina in weitem Sprung hinüber, und kurz darauf waren sie im Ziel. Lina keilte übermütig nach hinten aus, als sie merkte, daß der Spaß vorbei war. Carin stiegen Tränen in die Augen. Sie hatten es geschafft!

Das Publikum jubelte und applaudierte. Friolina war die große Favoritin geworden! Ein besseres Springpony hatten sie selten gesehen! Carin und Friolina hatten einen tollen Ritt geboten.

Endlich gelang es Carin, Lina durchzuparieren und einigermaßen ordentlich hinauszureiten. Das schlimmste, sagte Birgitta, waren Reiter, die wild aus der Bahn rasten. Dann kamen sie auf sie zu, alle miteinander. Da waren Lena und Papa, Mama, Stefan und Kim. Und natürlich Birgitta und Nina. Alle strahlten.

„Gut, Carin!“ lobte Birgitta. „Ihr wart ganz schön schnell! Friolina war unheimlich aufgekratzt, aber du hast das gut hingekriegt!“

Jemand hielt Lina am Zügel, und Carin stieg atemlos und zittrig aus dem Sattel. Sie klopfte Linas Hals. Da waren alle, die sie lieb hatte. Sie war zu glücklich, um reden zu können.

Der Vater schloß sie ganz fest in die Arme. Diese „Turnier-Sorgenfalte“ konnte sie auf seiner Stirn nicht entdekken.

„Soll das heißen, daß du zugeschaut hast, als wir in der Bahn waren?“ fragte Carin ungläubig. Sie konnte es kaum fassen, daß er wirklich gekommen war.

„Doch, doch“, sagte Lars und lachte. „Obwohl mich das nervös gemacht hat, dich da drinnen zu sehen.“

„Aber du bist doch heute morgen nicht mitgefahren!"

„Ich hatte da erst noch eine Kleinigkeit zu erledigen ... Ich habe mich nach einem Anhänger umgesehen." Er sah sie lächelnd an. Carin war sprachlos.

Lena zwinkerte ihr zu. „Was hab ich dir gesagt?" flüsterte sie Carin zu. „Wir kriegen ihn am Ende schon rum!"

Nun waren Mama und Stefan an der Reihe. Lena und Lars zogen sich ein wenig zurück.

„Du, das war ja spannend", sagte die Mutter, doch ihre Augen lachten. „Das ist wohl ziemlich gefährlich, dieses Springen?"

„Nein", sagte Carin mit glühenden Wangen. „Nicht mit einem Pony wie Friolina!"

„Crossfahren ist gefährlicher", rief Kim ganz laut.

„Weißt du, daß du fehlerfrei geritten bist, Carin?" sagte Stefan. „Ihr wart wirklich gut!"

„Null Fehler? Das ist ja toll! Aber es spielt eigentlich keine große Rolle. Hauptsache ist, daß wir durchgekommen sind!"

„Ich will zum Kiosk und Bonbons kaufen", quengelte Kim.

„Gut. Komm, dann gehen wir!" sagte Gunilla. „Carin muß sich jetzt um Lina kümmern!"

Carin und Nina brachten Friolina zum Abreiteplatz zum Trockenführen. Carin wollte jetzt nicht aufsteigen.

„Also, so wild ist Caruso nie aufs Springen gewesen!" sagte Nina leise.

Dann kam Birgitta zu ihnen. „Du mußt noch mal rein, Carin! Du hast in deiner Klasse gewonnen! Ihr wart ganze zehn Sekunden schneller als die Zweite!" Birgitta strahlte.

Carin ritt zusammen mit drei anderen in die Bahn. Sie sollten alle Rosetten bekommen. Bei Trainingsturnieren gab es keine anderen Preise.

Zu ihrer Überraschung stand Friolina dann vollkommen ruhig neben den anderen Pferden. Zärtlich klopfte sie den Hals der kleinen Stute.

Als der Richter die blaugelbe Siegesschleife an Linas Zaumzeug befestigte, beugte sich Carin hinab und legte die Arme um den Hals ihres Ponys. So ein Augenblick! Niemals würde es wieder so sein wie jetzt. Das fühlte sie.

Carin sah zum Publikum hinüber. Dort drüben standen sie, die ihr die Liebsten auf der Welt waren. Mama, Papa, Lena, Stefan und Kim. Zum ersten Mal sah sie ein, daß diese Trennung auch Gutes mit sich gebracht hatte. Es waren mehr geworden, die sie gern hatte und mit denen sie reden konnte. Ihr Leben wäre leerer ohne Lena und Stefan, das spürte sie. Sie alle gehörten nun zu ihrem Leben. So wie Friolina.